Geheimnis und Erfindungsbesitz.

Von

Dr. Julius L. Seligsohn,
Rechtsanwalt in Berlin.

Berlin und Leipzig 1921.
Vereinigung wissenschaftlicher Verleger
Walter de Gruyter & Co.
vormals G. J. Göschen'sche Verlagshandlung — J. Guttentag, Verlagsbuchhandlung — Georg Reimer — Karl J. Trübner — Veit & Comp.

Abkürzungen.

Die bekannten Kommentare, insbesondere die von Allfeld, Isay, Kent, Seligsohn, Stern-Oppenheimer zum PG., von Chr. Finger, Fuld, Rosenthal zum UWG., sind nur mit den Namen ihrer Verfasser nach den neuesten Auflagen (April 1921) zitiert. Isay Anhang bedeutet: Isay Anhang zu §§ 1, 2 PG. „das Recht an der Erfindung vor der Anmeldung".

Im übrigen bedeuten:

Kohler = Kohler, Handbuch des deutschen Patentrechts 1900.
Bl. = Blatt für Patent-, Muster- und Zeichenwesen.
G. = Gareis, die patentamtlichen und gerichtlichen Entscheidungen in Patentsachen.
Goldschmidt's Z. = Zeitschrift für das gesamte Handelsrecht.
Gruchot = Beiträge zur Erläuterung des deutschen Rechts.
GRuU. = Gewerblicher Rechtsschutz und Urheberrecht.
JW. = Juristische Wochenschrift.
LZ. = Leipziger Zeitschrift für Handels-, Konkurs- und Versicherungsrecht.
MuW. = Markenschutz und Wettbewerb.
Mitteilungen = Mitteilungen vom Verband deutscher Patentanwälte.
ZIndrR. = Zeitschrift für Industrierecht.

Die einzelnen Bände vom MuW., Goldschmidt's Z. und Gruchot werden nach ihrem Jahrgange, die der anderen Zeitschriften nach ihrem Erscheinungsjahr zitiert.

Inhaltsverzeichnis.

Einleitung.

§ 1.

Im gewerblichen Leben und besonders in der chemischen Industrie spielen technische Geheimnisse und Geheimverfahren eine erhebliche Rolle. Auch die Rechtsprechung hat sich des öfteren mit ihnen zu befassen gehabt. Teils werden sie in einem Gewerbebetriebe bereits angewandt und sind „Betriebsgeheimnisse", teils ist ihre praktische Benutzung lediglich in Aussicht genommen. Sie können patentfähige Erfindungen darstellen, brauchen es indessen nicht zu sein. Soweit sie Erfindungen sind, hat sich die Wissenschaft des Patentrechts mit ihnen beschäftigt. Diese sah in ihnen die Wurzel, aus der das Recht am Patente hervorwuchs, und stellte diesem absoluten Rechte als Vorstufe das unvollkommen absolute Erfinderrecht gegenüber. Diese rückschauende Betrachtungsweise der Erfindungen ist indessen einseitig[1]). Sie übersieht, daß viele und auch bedeutende Erfindungen niemals oder wenigstens jahrelang nicht zur Anmeldung gelangen. Ihr Besitzer schiebt diese heraus, um die 15jährige Patentschutzfrist um einige vorhergegangene Jahre der Geheimhaltung zu verlängern, oder der Erfindungsbesitzer erstrebt überhaupt nicht den Patentschutz, da er meint, die Erfindung als Betriebsgeheimnis wirtschaftlicher ausnutzen zu können; reizt die Veröffentlichung des Patents doch viele zu seiner Verletzung an, ohne daß diese stets verhindert oder wirtschaftlich ausgeglichen werden könnte[2]). Alsdann ist aber die nicht angemeldete Erfindung etwas durchaus Fertiges, in sich Abgeschlossenes, und für ihre Ausnutzung und Verwertung im Rechtsverkehre erscheint die Patentfähigkeit nebensächlich. Wenn ein Fabrikant eine technische Neuerung ersinnt und in seiner Werkstatt

[1]) Die vorliegende Untersuchung befaßt sich nur mit dem geltenden Recht und berücksichtigt nicht den vorläufigen Entwurf des Patentgesetzes.

[2]) Vgl. Kohler, Unlauterer Wettbewerb S. 256ff.; Stern-Oppenheimer, Einl. Nr. 30.

als Betriebsgeheimnis verwertet, so wird es ihm häufig gleichgültig sein, ob es sich um eine patentfähige Erfindung handelt oder nicht. Die Schriftsteller des Patentrechts indessen würden ihm im ersteren Falle ein absolutes Erfinderrecht zubilligen, im letzteren dagegen, wo es sich nur um ein gewöhnliches Betriebsgeheimnis handelt, würde von einem absoluten Rechte nicht gesprochen werden können. Da absolute Rechte besonderen Normen unterliegen, so müßte folgerichtig die Patentwürdigkeit eines Betriebsgeheimnisses seine besondere, von anderen Betriebsgeheimnissen verschiedene rechtliche Behandlung bedingen. Sollte das Betriebsgeheimnis des Fabrikanten beispielsweise veräußert werden, so wäre demnach bei einem sich später daraus entwickelnden Rechtsstreite zu prüfen, ob eine patentfähige Erfindung seinerzeit vorgelegen hat oder nicht. Dies erscheint widersinnig und mißlich, wenn beide Parteien bei der Übertragung des Betriebsgeheimnisses weder an seine Patentfähigkeit gedacht noch an ihr irgendein Interesse genommen haben.

Die patentrechtliche Lehre vom absoluten Erfinderrecht wird der unangemeldeten Erfindung nicht gerecht. Letztere muß vielmehr aus ihrer Quelle verstanden werden, die auf dem Boden des Geheimnisses entspringt, statt daß man sie aus dem Patentrecht zurückentwickelt, in das sie häufig, aber keineswegs immer einmündet. Steht sie im Patentrecht als unvollendete Erscheinung am Beginne einer Entwicklung, so in der Lehre vom Geheimnis an ihrem Ende als etwas durchaus Vollkommenes. Sie ist ebenso wie das ihr verwandte Betriebsgeheimnis ein technisches Geheimnis, dessen Regeln zunächst denen des Geheimnisses überhaupt folgen. Der Begriff „Das Geheimnis" wird in unseren Gesetzen allein[1]) wie in vielfachen Zusammensetzungen[2]) gebraucht. Im Strafrecht ist

---

[1]) Z. B. MilStG. § 58 Ziff. 3 („Geheimnis des Postens, des Feldgeschreis oder der Losung"); intern. Telegr.-Vertrag v. 10./22. 7. 1875 Art. 2 („Geheimnis der Telegramme"); Ges. zur Entlastung der Gerichte v. 11. 3. 1921 Art. 3 Ziff. 6 Nr. 5 („Vergehen der Verletzung fremder Geheimnisse").

[2]) Z. B. Geschäfts- und Betriebsgeheimnis (im UWG. und RVO. vielfach, Weinges. v. 7. 4. 1909 §§ 24—27, Versicherungsgesetz für Angestellte v. 20. 10. 1911 §§ 350, 351, Betriebsräteges. §§ 71, 100 usw.). Betriebsgeheimnis allein (GewO. §§ 21a, 145a, Margarinegesetz v. 15. 6. 1897 §§ 10, 15). Privatgeheimnis (StGB. § 300); Staatsgeheimnis (StGB. § 92 Ziff. 1); Militärisches Geheimnis (Ges. v. 3. 6. 1914); Kunst- und Gewerbegeheimnis (ZPO. § 384); Briefgeheimnis (Postges. v. 28. 10. 1871 § 5); Telegraphengeheimnis

über ihn, vor allem im Anschluß an den § 300 StGB., eine reiche Literatur entstanden. Im folgenden wird zuerst versucht werden, eine klare Definition dieses dem allgemeinen Sprachgebrauche entnommenen Begriffs zu geben, ohne daß damit behauptet werden soll, der so festgelegte Begriff sei in sämtlichen Gesetzesstellen unbedingt der gleiche[1]). Bei der Definierung wird auf den zum Geheimnis gegensätzlichen Begriff der Offenkundigkeit ausführlicher eingegangen werden, da seine scharfe Umgrenzung mit Rücksicht auf § 2 I PG., § 1 II GMG. für den gewerblichen Rechtsschutz selbständigen Wert besitzt und die Offenkundigkeit neuerdings nicht nur in Patentnichtigkeitsprozessen, sondern auch in Verletzungsstreitigkeiten, soweit der Stand der Technik ermittelt werden soll, eine große Rolle spielt. Nach Feststellung des Geheimnisbegriffs wird die allgemeine privatrechtliche Lehre für das Geheimnis zu erörtern sein, das Verhältnis zwischen dem Geheimnis und seinem Träger, der sog. Geheimnisbesitz, und der Schutz des Geheimnisses. In einem besonderen Teile wird dann die Darstellung des Betriebsgeheimnisses und der noch nicht angemeldeten Erfindung folgen. Es wird in Kürze zu zeigen sein, daß ersteres sich im Privatrecht kaum über das gewöhnliche Geheimnis erhebt, während der Erfindung allerdings ihre Patentwürdigkeit eine vielfach besondere rechtliche Behandlung gewährleistet. Zu beweisen, daß die unangemeldete Erfindung aber gleichwohl im übrigen ein Geheimnis bleibt und seinen Regeln folgt, daß das sog. Erfinderrecht nichts anderes ist als geschützter Geheimnisbesitz, ist Hauptaufgabe vorliegender Untersuchung. Fruchtbringend erscheint diese Auffassung für die wichtige, im Schrifttum aber noch wenig behandelte Frage, in welchen Formen sich die Übertragung von Betriebsgeheimnis und Erfindung vollzieht. Ihre Erörterung bildet den Schluß des besonderen Teils, obwohl die Lehre von der Geheimnisübertragung dogmatisch eigentlich noch in den allgemeinen gehört. Indessen rechtfertigt der Umstand, daß die Übertragung sich in der Praxis vor allem bei technischen Geheimnissen findet, diese Verschiebung.

(Telegraphengesetz v. 6. 4. 1892 § 8); Brief-, Post-, Telegraphen- und Fernsprechgeheimnis (Reichsverfassung Art. 34, 117); Bankgeheimnis (Bankgesetz v. 14. 3. 1875 § 33 II); Geheimnisverrat (VO. v. 12. 2. 1920, RGBl. 1920, 230) usw.

[1]) Für die Gleichheit des Grundbegriffs Meinhardt I in Mitteilungen 1912, 31.

Allgemeiner Teil.

Der Begriff des Geheimnisses.

§ 2.

Unter „Geheimnis" versteht man diejenige Kenntnis, deren Gegenstand nicht offenkundig ist und auch nicht offenkundig werden soll. Die Kenntnis kann sich auf alle möglichen Dinge beziehen; sie kann Tatsachen umfassen, äußere und innere, gegenwärtige, vergangene und zukünftige. Sie ist aber nicht auf das Gebiet der reinen Tatsachen begrenzt. Die Tatsache, daß jemand ein Gedicht, eine Erfindung gemacht, eine Melodie erfunden hat, mag allgemein bekannt sein; das Gedicht, die Erfindung, die Melodie selbst, die vielleicht nur in der Gedankenwelt ihres Schöpfers leben und irgendeine tatsächliche Verkörperung nicht bereits gefunden haben, können trotzdem noch ein Geheimnis bilden. Aber auch bei solchen Schöpfungen kann nur ihre Kenntnis, das Wissen um sie geheim sein; Fähigkeiten und Fertigkeiten als solche können dagegen niemals Gegenstand eines Geheimnisses werden. Die Gelenkigkeit eines Akrobaten, die Kombinationsgabe eines Rechenkünstlers, die Darstellungskraft des Schauspielers wie jede künstlerische Begabung finden sich nur bei wenigen und sollen nach dem Willen ihrer Träger vielleicht auch nicht allgemein verbreitet sein. Geheimnisse können sie aber nur bilden, sofern und soweit ihnen eine Wissensmacht[1]) innewohnt, die erfaßt und durch menschliche Ausdrucksmittel, insbesondere die Sprache, übertragen werden kann: Der Kniff[2]), dank dessen der Athlet die zentnerschwere Kugel stemmt, mag unter Umständen hierzu rechnen.

---

[1]) Vgl. Schanze, Patentrechtliche Untersuchungen S. 171; A. Finger, Vergleichende Darstellung des deutschen und ausländischen Strafrechts, Besonderer Teil, Bd. VIII S. 296.

[2]) RG. in Unlauterer Wettbewerb, Monatsschrift für gewerblichen Rechtsschutz 2, 90.

§ 3.

Ist somit dem Geheimnis ein gedanklicher Inhalt wesentlich, so tritt als zweites Merkmal der Ausschluß der Offenkundigkeit hinzu. Die Wissensmacht braucht nicht absolut geheim zu sein[1]) und sich nur in einem einzigen Träger zu verkörpern. Um ein geheimes Liebesverhältnis wissen schon notwendigerweise zwei, aber auch Wirtin, Mutter, Freund und Freundin können eingeweiht sein. Nur die Allgemeinheit darf davon keine Kenntnis haben, wenn es geheim bleiben soll. Dies Wissen der Allgemeinheit heißt Offenkundigkeit. Offenkundigkeit und Geheimnis sind sich ausschließende Gegensätze[2]). Was offenkundig ist, kann niemals geheim sein[3]), und umgekehrt kann jede Kenntnis ein Geheimnis bilden, sofern Offenkundigkeit nicht eingetreten ist.

Offenkundig[4]) sind Tatsachen und Dinge innerhalb eines bestimmten Kreises zunächst dann, wenn sie von sämtlichen Teilnehmern gekannt werden. In diesem Sinne spricht § 291 ZPO. von „den bei dem Gerichte offenkundigen"[5]) Tatsachen, die eines Beweises nicht bedürfen. Ihre Offenkundigkeit braucht sich nur auf den Richterkreis zu beschränken, z. B. wenn es sich um die baulichen Verhältnisse des Gerichtsgebäudes handelt, die im übrigen nicht als bekannt vorausgesetzt werden können. In gleichem Sinne war innerhalb des deutschen Heeres während des Krieges die deutsche Gasmaske offenkundig. Auch § 2 I PG., § 1 II GMG. gehen von der Möglichkeit aus, daß Dinge eine Offenkundigkeit nur im Inlande besitzen, während solche im Auslande nicht vorzuliegen braucht. Wird aber die Offenkundigkeit nicht ausdrücklich auf einen bestimmten Kreis begrenzt, so kommt es auf die Kenntnis derjenigen Personen an, die an den Dingen oder an den Tatsachen ein Interesse nehmen. Nicht etwa wird zur Offenkundigkeit die Kenntnis sämtlicher

---

[1]) RGSt. 25, 48; 29, 430; 38, 110; 40, 407.

[2]) RGSt. 25, 48; 40, 407; Sauter, Das Berufsgeheimnis und sein strafrechtlicher Schutz 100ff.; A. Finger aaO. 297 a. E.; 358 Nr. 1; Rosenthal § 17 Nr. 19; Abw. Binding, Lehrbuch I S. 126 Nr. 4.

[3]) RG. in Unlauterer Wettbewerb 2, 90.

[4]) Vgl. zu folgendem auch Stein, das private Wissen des Richters 138ff., in vielfach abweichender Formulierung.

[5]) Ebenso ZPO. § 727; BGB. § 2356; ZVG. §§ 17 III, 71 II, 81 III, 177; GBO. § 29; FGG. § 107 II usw. Vgl. auch Isay § 2 Nr. 16.

Menschen gefordert. Daß Raffael ein Maler gewesen ist, ist ebenso offenkundig wie seine einzelnen Werke, mögen auch viele Menschen mangels Interesses davon nichts wissen. Die Kenntnis seitens sämtlicher Interessenten genügt für die Offenkundigkeit und schließt das Vorliegen eines Geheimnisses aus. Ob ihre Anzahl groß oder gering ist, spielt dabei keine Rolle. Bei der allgemeinen Verbreitung historischer, geographischer und sonstiger einfacher Kenntnisse leuchtet ohne weiteres ein, daß sie nicht mehr Geheimnisse bilden können. Aber auch die Kenntnis ganz weniger bewirkt bereits Offenkundigkeit, sofern sie die Zahl der Interessenten erschöpft. Wenn auf entlegenstem Spezialgebiet, das nur von zwei Forschern bearbeitet wird, eine Erscheinung von diesen beiden gekannt wird, so ist sie offenkundig und ihre Geheimhaltung ist gar nicht denkbar, bis ein dritter Interessent entsteht. Umgekehrt kann aber alles ein Geheimnis bilden, was nicht von sämtlichen Interessenten umfaßt wird; denn solange liegt keine Offenkundigkeit vor. Schadete dort eine sehr geringe Zahl nicht der Offenkundigkeit, so hier nicht eine bedeutende Schar Wissender der Geheimhaltungsmöglichkeit, sofern nur nicht alle Interessenten Kenntnis erlangen. Während des Krieges wurden unsere neuen Geschütze, die deutschen Stellungen, die Schutzmittel gegen giftige Gase Millionen deutscher Soldaten, heimische Festungswerke auch umwohnenden Zivilpersonen, die vielleicht nicht einmal zu den Interessenten gehörten, bekannt; sie bildeten dennoch militärische Geheimnisse[1]), da das sich hierfür interessierende Ausland von der Kenntnis ausgeschlossen war.

§ 4.

Erscheint Offenkundigkeit als Kenntnis sämtlicher Interessenten, so müßte sie demnach durch die Unkenntnis auch nur eines einzigen ausgeschlossen werden. Indessen schon beim § 291 ZPO. erscheint es zweifelhaft, ob wirklich sämtliche Richter eines Kollegiums die nicht beweisbedürftigen Tatsachen als offenkundig kennen müssen, oder ob es nicht genügt, daß die Mehrheit sich gemäß § 198 I GVG. für die Offenkundigkeit entscheidet[2]). Sollte vielleicht auch in sonstigen Fällen das Majoritätsprinzip gelten und es für die Offenkundigkeit

---

[1]) RGSt. 10, 421; 25, 48f.

[2]) Streitig, vgl. Stein § 291 bei Nr. 9; das private Wissen 154, 161f.

darauf ankommen, ob die Mehr- oder Minderzahl der Interessenten im Einzelfalle Kenntnis genommen hat? Die Unmöglichkeit einer solchen Feststellung leuchtet ebenso ein wie anderseits die Erkenntnis, daß die Offenkundigkeit nicht stets durch die Unkenntnis einzelner Interessenten ausgeschlossen ist. Die Lösung dieses Widerspruchs liegt nicht in engerer Begrenzung des Kreises der sämtlichen Interessenten, sondern in einer Erweiterung des Kenntnisbegriffs. Ist es denn bei der Auslegung des § 291 ZPO. erforderlich, anzunehmen, daß das Gericht die nicht beweisbedürftigen Tatsachen bereits beim Vortrage der Parteien kennt? Sollte die Tatsache, daß der 100. Band der Entscheidungen des RG. in Zivilsachen erschienen ist, oder das Erscheinungsjahr eines bestimmten Bandes nicht auch dann offenkundig sein, wenn der Umstand zufällig keinem der Richter gegenwärtig ist, da ein Blick auf den Bücherschrank ihm Gewißheit verschaffen könnte? Oder sollte man hier nur von einer besonderen Leichtigkeit des Beweises sprechen dürfen? Wie dem auch sei, für das Gebiet des gewerblichen Rechtsschutzes wie für die Lehre des Geheimnisses überhaupt besteht jedenfalls kein Zweifel, daß offenkundig nicht nur Tatsachen sind, die von sämtlichen Interessenten gekannt werden, sondern auch solche, die ihrer Kenntnis zugänglich sind.

Wenn ich amerikanisch geformtes Schuhwerk trage, so mag das möglicherweise sonst unbekannt sein, weil niemand darauf achtet. Dennoch ist dies offenkundig und kann gar nicht mein Geheimnis sein, selbst wenn ich es wollte, da jeder auf meine Füße gerichtete Blick hiervon Kenntnis geben würde. Der Wissensschatz des Konversationslexikons ist deshalb offenkundig, auch soweit er die wenig bekanntesten Dinge behandelt, weil er jedem zugänglich ist. Ob davon Gebrauch gemacht wird, ist belanglos[1]). Es können daher, paradox ausgedrückt, in diesem Sinne Dinge offenkundig sein, die zurzeit überhaupt niemand kennt. Es genügt, wenn sie nur für die Interessenten zugänglich sind. Daher bewirkt die Besprechung eines technischen Verfahrens in einer Fachzeitschrift[2]), die sämtlichen Interessenten zugesandt wird, Offenkundigkeit, auch wenn das große

---

[1]) RG. im Bl. 92, 428 = JW. 92, 302 Nr. 11 = G. 9, 204; Dunkhase, Die Neuheit der Erfindung nach Patent- und Gebrauchsmusterrecht S. 17.

[2]) Vgl. auch RGSt. 40, 407.

Publikum gar nicht in der Lage ist, sie zu erhalten. Die Kenntnismöglichkeit muß aber für sämtliche Interessenten gegeben sein. Dies wird nicht schon dadurch ausgeschlossen, daß die Zusendung der betreffenden Zeitschrift einem Mißliebigen versagt wird, der Zutritt zu einer im übrigen offenstehenden Fabrik einem bestimmten Konkurrenten verboten wird. Denn dadurch wird diesem Interessenten nur die unmittelbare Kenntnisnahme der in der Zeitschrift besprochenen, in der Fabrik aufgestellten Dinge verwehrt. Mittelbar werden sie sich durch Befragung der Leser und Besucher leicht unterrichten können. Wird allerdings auch dieses verhindert, indem jeder Leser oder Besucher zur Verschwiegenheit bindend verpflichtet wird, so genügt der Ausschluß schon dieses einen Interessenten[1]), um den Ausschluß der Offenkundigkeit herbeizuführen. Im gleichen Augenblicke entsteht die Möglichkeit des Geheimnisses. So war während des Krieges die durch das Strafgesetzbuch und das Gesetz vom 3. Juni 1914 begründete Pflicht zur Verschwiegenheit Voraussetzung für das Bestehen militärischer Geheimnisse, weil dadurch trotz der großen Zahl der Unterrichteten dem Interesse nehmenden Feinde auch die mittelbare Kenntnismöglichkeit durch Befragung verlegt wurde.

Aber gab es nicht trotzdem Spionage? Gewann der Feind nicht durch Flieger, Ballons, Abhörapparate, Patrouillen Kenntnis von unseren militärischen Einrichtungen? Bestand nicht also auch für ihn eine Zugänglichkeit? Allerdings! Aber sie bewirkte keine Offenkundigkeit. Denn solche entsteht nur infolge der Zugänglichkeit auf normalem Wege. Die Möglichkeit, daß Briefe erbrochen werden, daß in eine Fabrik eingestiegen, ein abgezäuntes Grundstück von Unbefugten[2]) betreten wird, macht die darin enthaltenen Gegenstände nicht offenkundig. Gleiches gilt, soweit es sich nicht um strafbares, sondern um sittenwidriges Eindringen in eine fremde Geheimsphäre, wie Belauschen und Auskundschaften, handelt[3]). Wird hier die Ungewöhnlichkeit des Zugangs zum Geheimnisse nach dem Verhalten des Eindringenden beurteilt, so richtet sie sich bei der

[1]) Vgl. Köhler bei Goltdammer 52 S. 16 Nr. 127 und 17.

[2]) PA. im Bl. 1915, 228; über den Fabrikhof RG. im Bl. 1913, 278. Siehe aber auch PA. in Mitteilungen 1917, 7.

[3]) PA. in Mitteilungen 1913, 132.

zweiten Form[1]) der Geheimnisverletzung, dem Geheimnisverrat, nach der Person des Mitteilenden. Die Strafbarkeit oder Sittenwidrigkeit seines Tuns genügt, um diese Zugangsmöglichkeit der Interessenten zu dem Geheimnis als ungewöhnlich erscheinen zu lassen und damit die Offenkundigkeit des Geheimnisses auszuschließen. Wenn z. B. ein technischer Angestellter in der Zeitung ankündigt, er stelle jedem Interessenten auf Wunsch ein bisher unbekanntes Verfahren zur Verfügung, so verstößt er gegen § 17 I UWG., sofern es sich um ein Geheimverfahren seines Prinzipals handelt. Die sich um Auskunft an ihn wendende Konkurrenz mag möglicherweise gutgläubig, ihr Begehren weder strafwürdig noch unsittlich sein. Dennoch schließt der einseitige Verstoß gegen das Gesetz bereits die normale Zugänglichkeit und damit die Offenkundigkeit aus. Die praktische Bedeutung ist folgende: Der Prinzipal kann noch nach Erlaß der Zeitungsanzeige durch Klage oder Erwirkung einer einstweiligen Verfügung dem Angestellten Schweigen gebieten und damit sein Betriebsgeheimnis retten. Dies erscheint zunächst als selbstverständliche Folge des Geheimnisschutzes (§ 17 UWG., § 823 II BGB.) oder der Sicherung gegen sittenwidrige Schädigung. Es ist aber zu beachten, daß der Schutz des Geheimnisses doch zur notwendigen Voraussetzung den Bestand des Geheimnisses hat. Wäre also durch Erlaß der Zeitungsanzeige bereits Offenkundigkeit eingetreten und damit das Geheimnis erloschen, so wäre für die Schutzansprüche des Prinzipals kein Raum mehr. Hätte z. B. der ungetreue Angestellte das Betriebsgeheimnis schon der halben Konkurrenz preisgegeben und wäre dadurch die Offenkundigkeit bewirkt, so findet eine Unterlassungsklage des Prinzipals weder gegen diesen noch gegen einen weiteren Angestellten statt, falls sie sich über den Gegenstand zu anderen äußern; denn ein Betriebsgeheimnis ist nicht mehr vorhanden.

Die Ungewöhnlichkeit des Zugangs zum Geheimnisse betrifft aber nur die Offenkundigkeit bewirkende Kenntnismöglichkeit. Soweit die allgemeine Kenntnis selbst eingetreten ist, kommt es auf den Weg ihrer Erlangung nicht mehr an. Nachdem der Feind an der Westfront durch Aushorchen von Gefangenen, Spionage

[1]) Vgl. A. Finger aaO. 298; Sérexhe, Die Verletzung fremder Geheimnisse 31.

und Vorstöße allgemein erfahren hatte, daß Chlorkalk gegen die vernichtende Wirkung des deutschen Gelbkreuzgases schützt, war dies hüben und drüben offenkundig. Unsere Definition muß also dahin berichtigt werden: Offenkundigkeit ist die Kenntnis oder die auf normalem Wege bestehende Kenntnismöglichkeit (Zugänglichkeit) seitens sämtlicher Interessenten.

Der Begriff der Zugänglichkeit darf nicht zu äußerlich verstanden werden; sie muß sich auf das Geheimnis selbst beziehen. Wenn ein verschlossener Brief mir zugänglich ist, so ist es deshalb noch nicht sein Inhalt. Wenn eine offen aufgestellte Maschine im Innern eine Geheimerfindung birgt, so bewirkt der freie Zugang zu der Maschine nicht die Offenkundigkeit der Erfindung. Aber auch der Zugang zum offenen Briefe gibt mir nicht stets Kenntnismöglichkeit von seinem Inhalte, so wenn er in einer mir fremden Sprache abgefaßt ist. Ebenso schadet es auch der Geheimerfindung nicht, wenn sie völlig offensichtlich an der offenen Maschine angebracht ist, sofern die bloße Besichtigung für das Verständnis eines sachverständigen Interessenten nicht ausreicht[1]). Ebenso machte die jahrelange Benutzung eines Wagenrades die Erfindung, welche sich auf die Innenkonstruktion bezog, nicht offenkundig; ja selbst, als das Rad zusammenbrach und das Innere ans Tageslicht trat, gab dieses die Erfindung nicht preis, weil der bloße Anblick das Verständnis der Erfindung nicht eröffnete[2]).

Die Zugänglichkeit bedarf aber noch weiter der näheren Bestimmung. Es wird meist gesagt, eine Fabrik, zu der alle Interessenten auf Wunsch Zutritt erlangen können, bewirke Offenkundigkeit[3]). Gilt dies auch, sofern kein Interessent davon Gebrauch macht? Sicherlich[4])! Die Fabrik gleicht alsdann dem unbenutzten Konversationslexikon. Wie aber, wenn kein Interessent von der Zutrittsmöglichkeit Gebrauch machen kann, weil die Fabrik erst kürzlich fernab der Großstadt errichtet worden und noch gänzlich

---

[1]) PA. Bl. 1915, 226 ff., auch S. 170. Unzutreffend daher RG. im Bl. 92, 428 = JW. 92, 302 Nr. 11 = G. 9, 204: es wäre gleichgültig, ob Besuchern bei technischem Verständnis die Reproduktion möglich war.

[2]) RG. in Bl. 1914, 276 = MuW. 13, 496; vgl. auch PA. in Mitteilungen 1913, 132. [3]) Z. B. Isay § 2 Nr. 16.

[4]) Vgl. auch Fricke, GRuU. 1911, 231; Dunkhase, Die Neuheit der Erfindung nach Patent- und Gebrauchsmusterrecht S. 17.

unbekannt ist? Oder weil kein Interessent die Liebenswürdigkeit oder Torheit des Besitzers, der jedem gern den Eintritt erlauben würde, ahnt? Soll hier bei einem Streite über die Offenkundigkeit im Patentnichtigkeitsverfahren oder Verletzungsprozeß Beweis über die persönlichen Eigenschaften des Fabrikbesitzers erhoben werden? Die Frage stellen, heißt sie verneinen. Es muß nämlich die Zugänglichkeit den Interessenten bekannt sein, falls sie Offenkundigkeit bewirken soll. Ein Berg, auf den ein nicht bekannter Aufstieg hinaufführt, ist unzugänglich, so leicht der Weg auch sein mag. In der reichen Rechtsprechung der letzten Jahre über die Offenkundigkeit ist m. E. dieser Gesichtspunkt nicht richtig zum Ausdruck gekommen; er wird meist zu Unrecht gerade in Ansehung der Zugänglichkeit und Offenkundigkeit der gewerblichen Betriebe mit der anderen Frage verquickt, ob der Umstand, daß nunmehr verschiedene Personen Zutritt zu der Fabrik erhalten haben, in ihrer Person Offenkundigkeit bewirkt habe. Dies ist begrifflich zu scheiden. Im ersteren, hier zu behandelnden Falle steht die unmittelbare Anschauungsmöglichkeit der Betriebsgegenstände in Frage, im anderen die mittelbare Zugänglichkeit infolge von Weitergabe durch Besucher des Betriebes. Diese beantwortet sich je nach der Verpflichtung zur Geheimhaltung und ist beim Geheimnisschutze zu erörtern[1]). Im ersteren Sinne als allgemein bekannte Zutrittsmöglichkeit kommt bei Fabriken meines Erachtens eine Zugänglichkeit praktisch überhaupt nicht vor, soviel Wert in den Entscheidungen auch auf diesen Punkt gelegt wird. Es wird kaum eine Fabrik geben, von der allgemein bekannt wäre, daß auf Wunsch jeder Interessent Zutritt erlangen könnte. Insofern macht die Benutzung in einer Fabrik *unmittelbar* niemals etwas offenkundig[2]). Vielmehr kann man in Anlehnung an das alte Sprichwort: „Das Haus verliert nichts" sagen: „Die Fabrik verliert kein Geheimnis." Im Gegensatz hierzu ist beispielsweise das Konversationslexikon ebenso wie Spezialliteratur als zugängliche Erkenntnisquelle allgemein bekannt, der darin enthaltene Wissensschatz offenkundig. Wenn das RG. bezüglich einer Fachzeitschrift in St. 40, 407 bemerkt, es komme für die Offenkundigkeit auf die Verbreitung und den Leserkreis des

[1]) Vgl. unten § 15 S. 44.
[2]) Unzutreffend m. E. LG. Fürth, JIndR. 1918, 8.

Blattes an, so ist das nur insofern richtig, als der Ruf der Zeitung entscheidend ist. Ist sie als einschlägige Erkenntnisquelle dem Namen nach den Interessenten bekannt, so ist nicht nur das Blatt als solches, sondern auch sein Inhalt offenkundig. Unsere Definition hat demnach zu lauten: Offenkundigkeit ist die Kenntnis oder die bekannte, auf normalem Wege bestehende Möglichkeit der Kenntnisnahme (Zugänglichkeit) seitens sämtlicher Interessenten.

§ 5.

Schließt in dieser Bestimmung Offenkundigkeit das Vorliegen jeden Geheimnisses aus, so ist anderseits nicht alles geheim, was nicht offenkundig ist. Es kann nur ein Geheimnis bilden. Ob es zu einem solchen wird, hängt von dem Willen der unterrichteten Person ab. Daß eine Hose grau gefüttert ist, mag nur ihr Träger wissen; diese Tatsache ist im übrigen unbekannt, aber deswegen noch nicht geheim. Sie wird dies erst in dem Augenblicke, wo der Träger sie geheimhalten will[1]). Welche Motive seinem Entschlusse zugrunde liegen, ist gleichgültig. Beachtung wird der Geheimhaltungswille allerdings nur beanspruchen können, wenn er ernsthaft[2]) und verständig[3]) erscheint und erkennbar in die Außenwelt hervortritt. Er kann ausdrücklich erklärt oder durch schlüssige Handlung — Verschließen eines Briefes, Absperren einer Tür — geäußert werden. Er bedarf indessen überhaupt nicht einer besonderen Betonung, sofern er sich bei der Natur des in Betracht kommenden Gegenstandes von selbst versteht[4]). Dies wird insbesondere dann der Fall sein, wenn das Bekanntwerden Nachteile für den Geheimnisträger selbst oder für Personen, an deren Wohlergehen er ein Interesse hat, mit sich bringt. Die wirtschaftlichen Schädigungen, die das Bekanntwerden eines in einer Fabrik an-

---

[1]) Herrschende Meinung; dagegen Mittermaier, ZStrW. 21, 202 Nr. 3; vgl. im übrigen Sérexhe, Die Verletzung fremder Geheimnisse S. 60 N. 143; Sauter, Das Berufsgeheimnis und sein strafrechtlicher Schutz 117ff., 147ff.

[2]) Vgl. auch Dunkhase, Die Neuheit der Erfindung nach Patent- und Gebrauchsmusterrecht S. 19.

[3]) Rosenthal § 17 Nr. 25.

[4]) Deshalb wird in der Literatur und auch in der Rechtsprechung vielfach an Stelle des Geheimhaltungswillens das Geheimhaltungsinteresse zur Definition herangezogen; vgl. Wolff, Der strafrechtliche Schutz des Berufsgeheimnisses S. 47 und RG. in MuW. X, 314.

gewandten, wichtigen und im übrigen unbekannten Verfahrens im Gefolge hat, sind beispielsweise so offentsichlich, daß es in der Regel[1]) eines besonderen Ausdruckes des Geheimhaltungswillens nicht bedarf[2]). Bei einem Liebesverhältnis wird der Geheimhaltungswille in der Regel vorauszusetzen sein, und zwar nicht nur bei dem Mädchen, dessen Ehre durch die Bekanntgabe leiden würde, sondern auch bei dem ihm verbundenen Manne. Die Geschlechtskrankheit einer Ehefrau oder eines Hauskindes sind entsprechend nicht nur als Geheimnisse dieser Personen, sondern auch als ein eigenes Geheimnis des Mannes und Vaters anerkannt worden, dem daraufhin gegen den die Schweigepflicht verletzenden Arzt ein selbständiges Strafantragsrecht zugebilligt wurde[3]).

Der Geheimhaltungswille geht dahin, die allgemeine Verbreitung der Tatsachen oder Dinge, d. h. die Offenkundigkeit, auszuschließen. Er setzt also die beiden anderen Wesensmerkmale des Geheimnisses, die Kenntnis und das Fehlen der Offenkundigkeit, voraus. Denn ist bereits Offenkundigkeit eingetreten, so ist für den Geheimhaltungswillen, d. h. den Willen, die Offenkundigkeit für die Zukunft auszuschließen, kein Raum mehr[4]). Dies ist, soweit Offenkundigkeit die Kenntnis sämtlicher Interessenten bedeutet, selbstverständlich. Aber es gilt auch, sofern für alle nur die Kenntnismöglichkeit vorliegt, ohne daß sie bisher wirkliche Kunde bekommen haben. Wenn ein technisches Verfahren, das fast in Vergessenheit geraten ist, im Konversationslexikon beschrieben steht[5]), so ist es für den, der es allein wieder in Benutzung nimmt, ausgeschlossen, es „geheim zu halten". Daß er es anwendet, mag ein Geheimnis sein können, das Verfahren selbst kann aber ein solches nicht mehr bilden, auch wenn es keinem Konkurrenten bekannt ist; denn es ist bereits offenkundig, da jeder von ihm Kenntnis nehmen kann.

Da die Offenkundigkeit Kenntnis oder Kenntnismöglichkeit s ä m t l i c h e r Interessenten verlangt, so braucht der Geheimhaltungs-

---

[1]) Ausnahme, wenn die offene Herstellung „vor aller Augen" erkennen läßt, daß kein Wert auf Geheimhaltung gelegt wird; RG. in GRuU. 1917, 81; s. auch PA. in Mitteilungen 1917, 7.

[2]) RG. in JW. 02, 610 Nr. 24; Recht 1910, 1474; MuW. IX, 391; RGSt. 25, 48.

[3]) RGSt. 13, 63.

[4]) RGSt. 10, 421; 25, 48.

[5]) Vgl. den Fall in Bl. 93, 343 = G. 10, 186.

wille nicht etwa auf absolute Ausschließung anderer von der Wissenschaft gerichtet zu sein. In den Fällen, wo sich das Geheimnis nicht nur in einem einzigen Träger verkörpert, ist dies auch gar nicht möglich. Aber selbst wenn es sich nicht um notwendige Mitwisser handelt, kann willensgemäß das Geheimnis anderen bekannt werden. Bei dem Liebesverhältnis kann der Mann die Geheimhaltung vor der Mutter des Mädchens wünschen, aber nichts dagegen haben, wenn es seine Wirtin erfährt. Er kann es mit Rücksicht auf § 180 StGB. vor seiner Wirtin sorgsam verbergen, aber nicht vor der Mutter, wenn diese dem Treiben ihrer Tochter freien Lauf läßt. Nur muß er darauf bedacht sein, daß durch die Mitwisser nicht weitere unbestimmte Personen davon Kenntnis erlangen und damit auch für den ausgeschlossenen Interessenten die Möglichkeit erwächst, sich mittelbar zu unterrichten. Denn dann würde Offenkundigkeit eintreten. Nimmt aber der Mann an, die Wirtin würde aus Vermieterinteresse, die Mutter aus Sorge für den Ruf ihrer Tochter schweigen, so ist der Geheimhaltungswille wirksam gegeben.

Gleichgültig ist, ob seine Aussetzung gegenüber bestimmten Personen sich im Unterlassen von Vorsichtsmaßregeln oder in aktiver Übertragung äußert. Liegt letzteres vor, so spricht man von „Anvertrauen", welches einen Unterfall des „Zugänglichwerdens" darstellt[1]). Während dieses alle Arten der Kenntniserlangung umfaßt, z. B. durch eigene Anschauung infolge Sorglosigkeit des Geheimnisträgers, ist „Anvertrauen" das Mitteilen des Geheimnisses durch den Geheimnisträger als Geheimnis[2]). Ob letzteres unter dem „Siegel der Verschwiegenheit" erfolgt oder unter Umständen aus denen der Empfänger auf seine Verpflichtung zur Geheimhaltung schließen muß, ist belanglos. Wie die Ausnahme die Regel bestätigt, so erweist eine solche durch Anvertrauen erfolgte Offenbarung[3]) gerade den vorhandenen Geheimhaltungswillen.

---

[1]) § 17 I UWG.; § 7 des Gesetzes gegen den Verrat militärischer Geheimnisse v. 3. 7. 1893 und die Änderung in der Fassung des § 8 v. 3. 6. 1914. Abw. gegensätzlicher Gebrauch in StGB. §§ 348 II, 353a I; vgl. Köhler bei Goltdammer 52 S. 27 Nr. 147.

[2]) RGSt. 13, 62; 32, 219; Rosenthal § 17 Nr. 29.

[3]) In diesem Augenblicke muß der Geheimhaltungswille erkennbar hervortreten; vgl. Sauter aaO. 149.

§ 6.

Wurden im vorhergehenden die drei Wesensmerkmale des Geheimnisses festgestellt, so bedarf noch das Verhältnis zwischen Offenkundigkeit und Geheimhaltungswillen der Erörterung. Sind mehrere Personen von dem Geheimnis unterrichtet, und tritt nur bei einer Offenkundigkeit ein, so kann in keiner das Geheimnis fortbestehen, weil es an seinem zweiten Wesensmerkmal mangelt. Wenden sechs Fabriken ein unbekanntes technisches Verfahren an, fünf halten es sorgfältig geheim, die sechste benutzt es offenkundig, so besitzen auch die fünf ersten kein geschütztes Betriebsgeheimnis. Die §§ 17ff. UWG. sind zugunsten ihrer Betriebe unanwendbar. Ebenso wird der Erfindungsbesitz des einen durch offenkundige Benutzung der Erfindung seitens eines anderen im Inlande ausgeschlossen (§ 2 I PG.). Es erhebt sich die Frage, ob deshalb auch umgekehrt sämtliche von dem Geheimnis Unterrichteten ihr Wissen als Geheimnis behandeln, d. h. den Geheimhaltungswillen besitzen müssen. Oder anders ausgedrückt: Liegt immer Offenkundigkeit vor, wenn von mehreren Kenntnisbesitzern auch nur bei einem der Geheimhaltungswillen mangelt? Die Bejahung der Frage liegt nahe, da die übrigen Interessenten leicht in der Lage sein werden, sich bei diesem einen zu unterrichten und Offenkundigkeit ja bereits durch die Möglichkeit allgemeiner Kenntnisnahme bewirkt wird. Dennoch ist dem nicht so. Wenn jemand mangels Interesses zur Sache auch einen besonderen Geheimhaltungswillen nicht besitzt, so braucht wegen seiner sonstigen Verschlossenheit und Schweigsamkeit noch nicht zu besorgen sein, daß er von seiner Kenntnis der Allgemeinheit Kunde gibt. Ferner ist zu beachten, daß selbst wenn diese Gefahr besteht, Offenkundigkeit so lange nicht vorliegt, bis die Interessenten von der sich ihnen auf diesem Wege eröffnenden Zugänglichkeit erfahren. Mithin ist es möglich, daß dieselbe Kenntnis von einigen Personen als Geheimnis, von anderen ohne Geheimhaltungswillen bewahrt wird. Geheimnis und Offenkundigkeit sind zwar sich ausschließende Gegensätze, aber doch nicht in dem Sinne, daß das Gebiet des einen an der Grenze des anderen begänne[1]). Vielmehr ist das Vorliegen der Offenkundigkeit objektiv zu prüfen[2]); der Willen oder richtiger

[1]) Vgl. Schanze, Patentrechtliche Untersuchungen S. 78.

[2]) Ähnlich RGSt. 40, 408; Chr. Finger § 17, 3e.

der Willensmangel des einzelnen ist dafür nicht entscheidend. Dies hat praktische Bedeutung. Nach § 17 UWG. sind die Angestellten eines Betriebes zur Wahrung der Geschäfts- und Betriebsgeheimnisse nur während der Geltungsdauer ihres Dienstverhältnisses verpflichtet; nach seiner Beendigung werden sie also, sofern nicht eine weitere vertragliche Bindung besteht, einen besonderen Geheimhaltungswillen in der Regel nicht mehr besitzen. Dennoch genügt die Entlassung von einigen Angestellten nicht, um Offenkundigkeit zu bewirken, die Geschäfts- und Betriebsgeheimnisse damit zum Erlöschen zu bringen und die Fabrik des strafrechtlichen Schutzes der §§ 17ff. UWG. gegenüber ihren anderen Angestellten zu berauben. Denn ein billig denkender Angestellter wird auch nach Aufhören der gesetzlichen Geheimhaltungspflicht die erworbenen Kenntnisse für sich bewahren. Aber selbst wenn er das Geheimnis der Öffentlichkeit preisgeben wollte, so besteht es doch so lange fort bis sein Entschluß den Interessenten bekannt wird. Erst mit diesem Augenblicke erlischt das Geheimnis des früheren Prinzipals. Hat der entlassene Angestellte durch Zeitungsanzeige oder Prospekte sich zur Abgabe des Geheimverfahrens an jeden Interessenten erboten, oder hat er eine Ausstellung mit dem geheimen Modell beschickt, so ist das Betriebsgeheimnis zerstört, sobald die Interessenten von seiner Zugänglichkeit erfahren; ob sie tatsächlich schon Kenntnis von dem Inhalte des Geheimnisses erlangt haben, ist gleichgültig. Wenn also ein noch im Betriebe beschäftigter Arbeiter, nachdem er von den Prospekten, der Zeitungsanzeige oder der Beschickung der Ausstellung gehört hat, seinerseits nun das Betriebsgeheimnis einem Konkurrenten offenbart, so ist er m. E. aus § 17 UWG. selbst dann nicht strafbar[1]), wenn zu dieser Zeit noch kein Interessent wirkliche Kenntnis des Geheimnisses besaß. Denn seit Eintritt und Bekanntwerden der Kenntnismöglichkeit bestand kein Geheimnis mehr.

---

[1]) RG. in Unlauterer Wettbewerb, Monatsschrift für gewerblichen Rechtsschutz 2, 90: „Indiskretionen, welche bekannte Dinge betreffen, stehen nicht unter der Strafdrohung." Anderes gilt, wenn die Tatsache, daß das nunmehr offenkundig gewordene Verfahren gerade in diesem Betriebe zur Anwendung gelangt, selbst ein Betriebsgeheimnis darstellt; vgl. unten § 20 und RG. in JW. 06, 496; MuW. XI, 541.

Der Geheimnisbesitz.

§ 7.

Erscheint nunmehr das Verhältnis zwischen Geheimniswillen und Offenkundigkeit geklärt, so bedarf noch das erste Wesensmerkmal des Geheimnisses, der Kenntnisbegriff, weiterer Vertiefung. Die Kenntnis wurde oben der Fertigkeit als Gedankeninhalt gegenübergestellt. Dies könnte zu der Annahme verführen, als wenn der das Geheimnis enthaltende Gedanke stets im Bewußtsein des Geheimnisträgers leben müßte. Dem ist aber nicht so. Es ist zunächst einleuchtend, daß die Geheimnisse des Menschen ihm ebensowenig wie sein sonstiger Gedankenschatz jederzeit bewußt sind. Ihr Bewußtsein mag zwar etwas lebhafter sein als sein sonstiges Wissen, weil sie im Gegensatz zu diesem auch in seinem Willen (Geheimhaltungswillen) aufgenommen sind. Dennoch sind sie ihm nicht stets gegenwärtig. Gleichwohl bleiben sie auch für diese Zeit seine Geheimnisse, solange sein Willen sie sich ins Gedächtnis zurückrufen kann. Dies gilt selbst dann, wenn er die Kenntnis überhaupt noch nicht in seinem Bewußtsein gehabt hat, aber jederzeit in der Lage ist, sie aufzunehmen. Wenn ein Brief mir, wie ich im allgemeinen weiß, vertrauliche Dinge berichtet, so ist nach seinem Empfang der gesamte Inhalt mein Geheimnis, auch wenn ich ihn einige Zeit uneröffnet liegen lasse. Die schriftliche Beschreibung einer Erfindung macht sie zu meinem Geheimnis, mag ich selbst den Sinn der technischen Regel noch nicht erfaßt haben[1]). Dieses Verhältnis der Person zum Geheimnis wird daher durch den Begriff „Kenntnis" nicht erschöpft; wir bezeichnen es mit einem allgemeinen Ausdruck als „Geheimnisbesitz". Die Wendung „ein Geheimnis besitzen" hat eine über den üblichen Sprachgebrauch hinausgehende rechtliche Bedeutung, wie im Schrifttum bereits gelegentlich[2]) anerkannt worden ist. Besonders hat Isay[3]) diese Lehre mit Beschränkung auf den Erfindungsbesitz scharf und klar herausgearbeitet; der

[1]) Isay, Anhang Nr. 3; a. M. Dunkhase, GRUll. 1907, 214; Das Erfinderrecht nach dem Patentgesetze S. 3.

[2]) Vgl. Lobe, Der unlautere Wettbewerb I 322: „Die Geheimhaltung ... hat possessorische Bedeutung."

[3]) Vgl. auch Osterrieth, Lehrbuch des gewerblichen Rechtsschutzes S. 79ff.; Gülland, Einführung in die zivilistische Praxis in Erfindungs- und Patentsachen S. 137ff.

Gedanke ist aber so fruchtbar, daß er über das Gebiet des Patentrechtes hinaus Verwertung verdient. Allerdings muß zunächst die Auffassung abgelehnt werden, als ob die besonderen Regeln, die gerade das BGB. über den Sachbesitz gibt, ausnahmslos dem Verhältnis zwischen Person und Geheimnis aufgezwungen werden sollten. Wenn von Geheimnisbesitz gesprochen wird, so geschieht das in dem allgemeineren Sinne, wonach Besitz eines Rechtsguts derjenige Zustand ist, der nach der Verkehrsanschauung die tatsächliche Möglichkeit gewährt, das Rechtsgut zu genießen[1]). So verstanden, ist Besitz ein Ausdruck des Lebens, der mit Abwandelungen Eingang in alle Rechtsordnungen gefunden hat, und es könnte nur zweifelhaft erscheinen, ob gerade die Einzelvorschriften des BGB. über den Sachbesitz besondere Verwertung für den Geheimnisbesitz verdienen. Dies muß indessen bejaht werden, weil jede Rechtsordnung ihre Besitzlehre vorzugsweise für den Besitz an körperlichen Sachen entwickelt, wie bereits die wenn auch im BGB. recht beschränkte Ausdehnung des Sachbesitzschutzes auf Rechte erweist (§§ 1029, 1090, 900 II). Und es darf mangels irgendwelcher gesetzlicher Vorschriften nicht ohne zwingende Gründe angenommen werden, daß unsere Verkehrs- und Rechtsauffassung für das Geheimnis einen von dem allgemeinen völlig verschiedenen Besitzbegriff zugrunde legt.

Schon die Definition des Geheimnisbesitzes hat mit denselben Schwierigkeiten zu kämpfen wie die des Sachbesitzes. Wie hier alle Versuche, den Begriff näher zu analysieren, daran gescheitert sind, daß er elementar ist[2]), so erscheint auch der Geheimnisbesitz als tatsächliches Gewaltverhältnis einer Person zu einem Geheimnis[3]). Ob ein solches vorliegt, hängt von der allgemeinen Verkehrsanschauung ab. Dies gilt zunächst, soweit der Geheimnisbesitz unmittelbar vom Sachbesitz abhängt, in den oben genannten Fällen des Besitzes eines verschlossenen Briefes, einer geheimen Beschreibung und bei den technischen Geheimnissen insbesondere all der in den §§ 3 II PG. und 18 UWG. bezeichneten Ausdrucksmittel. Soweit der Geheimnisbesitzer von deren Inhalt noch nicht

[1]) Isay aaO.

[2]) Vgl. M. Wolff, Sachenrecht § 5; Stern-Oppenheimer, Einl. Nr. 11, spricht deshalb vom „Elementarbesitz".

[3]) Vgl. RGRäte § 854 Nr. 1.

Kenntnis genommen hat, fallen Sach- und Geheimnisbesitz völlig zusammen, so daß die Vorschriften des BGB. §§ 854 ff. über Erwerb, Verlust, Schutz und Vererblichkeit des Besitzes auf das Geheimnis unmittelbare Anwendung finden. Aber auch soweit es sich um den Gedankeninhalt und die Kenntnis selbst handelt, gilt Entsprechendes wie beim Sachbesitze. Dort wie hier verlangt die Lebensanschauung eine gewisse Festigkeit der Beziehung, was beim Geheimnisse schon wegen des Erfordernisses des Geheimhaltungswillens selbstverständlich ist. Flüchtiges Auffassen eines Geheimnisses, das meinem Gedächtnis gleich wieder entfällt, macht mich nicht zum Geheimnisbesitzer. Der Maßstab, den der Verkehr anlegt, ist verschieden, je nachdem es sich um Begründung eines neuen oder Fortbestand eines alten Besitzes handelt. Bei diesem schadet ein vorübergehendes Entschwinden des Geheimnisses aus dem Bewußtsein nicht (§ 856 II BGB.), bei der Begründung ist der hinzutretende Wille (Geheimhaltungswille = Beherrschungswille) unerläßlich. Der Sach- wie der Geheimnisbesitz endigt mit dem Verlust der tatsächlichen Gewalt (§ 856 I BGB.), so beim Geheimnisse im Falle endgültigen Vergessens.

§ 8.

Besondere Bedeutung gewinnt diese Analogie für die Lehre von der Stellvertretung im Besitze. Versteht man diese im weitesten Sinne, so rechnen hierzu alle Fälle, in denen die Sach- oder Geheimnisherrschaft einer Person als Besitzverhältnis einer anderen angesehen wird. Die Stellvertreter gliedern sich in drei Gruppen: die Organe der juristischen Personen, die gesetzlichen Vertreter und Verwalter von Sondervermögen und schließlich die Besitzdiener. Ihre Besitzhandlungen wirken unmittelbar für und gegen die Vertretenen, so daß diesen eine Besitzherrschaft rechtlich zugerechnet wird, an der es ihnen tatsächlich vielfach fehlt.

Sachen wie Geheimnisse kann jede Person besitzen, die physische wie die juristische. Das Wort „Staatsgeheimnis" des § 92 Ziff. 1 StGB. setzt letzteres voraus. Wenn beispielsweise von dem Staatsgeheimnis nur ein einziger Diplomat Kenntnis hat und sonst niemand etwas weiß, so wird das Geheimnis dennoch nicht dieser physischen Person, sondern lediglich der juristischen des Staates zugerechnet. Während selbstverständlich jede Person die Befugnis hat, ihre eigenen, nur ihr zugehörigen Geheimnisse zu offenbaren, macht sich das Staatsorgan unter Umständen gemäß § 92 StGB. wegen Landesverrats strafbar, obwohl das Geheimnis tatsächlich nur in seinem Bewußtsein besteht. Man könnte allerdings geneigt sein, anzunehmen, daß zwar ein Geheimnis des Staates vorliegt, aber daneben doch auch notwendigerweise ein Geheimnis des betreffenden Beamten, weil das Geheimnis des Staates mit dem seines Organs, wenn auch vielleicht nicht identisch, so doch mindestens stets untrennbar verbunden sein müßte. Aber dies ist nicht einmal in dem Grenzfalle zutreffend, daß nur ein einziger Beamter das Geheimnis kennt. Denn dieser mag schon vor und bei dem Erwerb des Geheimnisses, der originär erfolgen kann, den landesverräterischen Vorsatz gehabt haben. Da zu den Wesensmerkmalen des Geheimnisses nicht nur Kenntnis und mangelnde Offenkundigkeit, sondern auch der Geheimhaltungswille gehört, dieser auf seiten des Organs von Anfang an fehlte, so hat der Beamte ein eigenes Geheimnis niemals besessen. Daß die Mitteilung oder öffentliche Bekanntmachung ihn dennoch strafbar macht, dürfte nicht bezweifelt werden und beweist zur Genüge, daß der Staat das Geheimnis besitzt, ohne daß es auf den Geheimnisbesitz seines Organs entscheidend ankommt. Fehlt es aber nicht etwa für diesen Fall überhaupt am Geheimhaltungswillen? Bei wem ist er zu finden, wenn ihn nicht einmal der einzige unterrichtete Beamte hat, da doch der Staat seinen Willen nur durch seine Organe kundtun kann? Dem ist zu erwidern, daß auch hier ein Geheimhaltungswille vorliegt, und zwar in der realen Verbandspersönlichkeit als solcher. Geäußert kann er allerdings nur durch Organe werden, aber dies braucht nicht notwendigerweise durch seine gegenwärtigen zu geschehen. Der Geheimhaltungswillen kann wie der sonstige Staatswillen durch frühere Organe in Gesetzen und Verordnungen bindend festgelegt sein, so daß er nun unabhängig von den jeweiligen Beamten fortbesteht[1]). In vorliegendem Falle kommt noch hinzu, daß, wie oben dargelegt[2]), der Geheimhaltungswille überhaupt nicht

[1]) Vgl. beispielsweise § 10 des Ges. gegen den Verrat mil. Geheimnisse v. 3. 6. 1914, wo der staatliche Geheimhaltungswille im Hinblick auf einen bestimmten Gegenstand (Truppen- und Schiffsbewegungen, Verteidigungsmittel) ausgesprochen ist.

[2]) Vgl. § 5 S. 18.

besonderer Äußerung bedarf, sofern er sich bei der Natur des in Betracht kommenden Gegenstandes von selbst versteht, insbesondere wegen der offensichtlichen Nachteile, die das Bekanntwerden des Geheimnisses für den Geheimnisträger mit sich bringt. Unter solchen Umständen kann das Vorliegen des Geheimhaltungswillens und damit des Geheimnisses auf seiten des Staates bejaht werden, auch wenn es dem Organe an beiden fehlt.

Allerdings wird in der Regel auch ein Geheimhaltungswille des Beamten gegeben sein, da dieser ihm gesetzlich geboten ist; der unmittelbare Geheimnisbesitz des Staates wird aber hierdurch nicht berührt. Selbst die Annahme schiene nicht gerechtfertigt, daß alsdann neben dem Staatsgeheimnis ein selbständiges Geheimnis des Beamten vorliegt. Zwar sind alle drei Erfordernisse: Kenntnis, mangelnde Offenkundigkeit und eigener Geheimhaltungswillen auch auf seiten des Organs gegeben. Aber ebenso wie beim Sachbesitze der gesamte Tatbestand in dem Organe begründet ist und sein muß, um nicht diesem, sondern der juristischen Persönlichkeit zugerechnet zu werden[1]), so gilt gleiches beim Geheimnisbesitze. Wie es gleichwohl dort unter Umständen nach der Verfassung der juristischen Persönlichkeit möglich ist, daß der Stellvertreter, der die Sache persönlich in Verwahrung nimmt, selbst den unmittelbaren Besitz erwirbt — spricht doch § 983 BGB. ausdrücklich von dem Sachbesitze „einer öffentlichen Behörde"[2]) —, so auch hier. Insbesondere ist letzterer Fall häufig beim militärischen Geheimnis gegeben, obwohl in der Regel der Staat als Geheimnisbesitzer erscheint. Dennoch wird beispielsweise der nur in dem Kopfe des Feldherrn bestehende Schlachtplan seinem persönlichen Besitze zuzurechnen sein.

Entsprechendes wie für die juristischen Personen des öffentlichen Rechts gilt im Privatrechte. Auch die Handelsgesellschaften besitzen ihre Betriebs- und Geschäftsgeheimnisse selbst. Dies tritt im Falle ihrer Verletzung beim Antragsrecht deutlich in die Erscheinung. Nur die juristische Person hat in den Fällen der §§ 17, 18, 20, 22 UWG. ein solches, nicht ihre einzelnen Kenntnis besitzenden Organe; im Falle ihres Wechsels muß daher dasjenige Organ für die juristische Person den Antrag stellen, welches in diesem Zeitpunkt und nicht etwa zur Zeit der Geheimnisverletzung vertretungsberechtigt ist[3]).

[1]) Allerdings streitig; vgl. M. Wolff, Sachenrecht § 5 Nr. 1.

[2]) Vgl. RGRäte § 854 Nr. 5.

[3]) Vgl. auch RGSt. 15, 293.

§ 9.

Ähnlich, aber nicht gleich liegen die Fälle der gesetzlichen Stellvertretung (elterliche Gewalt, Vormundschaft, Pflegschaft). Der Unmündige, der einen Geschäftsbetrieb ererbt oder sonstwie erworben hat, besitzt die dazu gehörigen Geschäfts- und Betriebsgeheimnisse, ohne Kenntnis oder Geheimhaltungswillen[1]) haben zu müssen. Kommen Verstöße gegen §§ 17, 18, 20 UWG. vor, so steht ihm das Antragsrecht zu; der gesetzliche Vertreter, der den Strafantrag stellt, muß daher bestimmt und unzweifelhaft zum Ausdruck bringen, daß er dies für den Vertretenen und nicht im eigenen Namen tut[2]). Wenn ein Vater seine zehnjährige geschlechtskranke Tochter vom Arzte untersuchen läßt, so erwächst dem Kinde trotz seiner Verständnislosigkeit ein Strafantragsrecht, sofern der Arzt die ihm durch § 300 StGB. gebotene Geheimhaltungspflicht verletzt. Stirbt also der Vater vor oder nach der strafbaren Handlung des Arztes, so kann ein an seine Stelle tretender Vormund für das Kind innerhalb der gesetzlichen Frist den Antrag stellen[3]). Da Voraussetzung für den Geheimnisbesitz des Vertretenen die Begründung des vollen Besitztatbestandes, also von Kenntnis- und Geheimhaltungswillen auf seiten des Vertreters ist, so erscheint dieser neben dem Vertretenen als selbständiger Geheimnisbesitzer. Daher hat in dem erwähnten Falle auch der dem Arzt das Geheimnis anvertrauende gesetzliche Vertreter das Recht, im eigenen Namen Strafantrag zu stellen[4]). Wenn das Antragsrecht bezüglich der Verletzung von Geschäfts- und Betriebsgeheimnissen dem gesetzlichen Vertreter fehlt, so liegt das nicht daran, daß ihm kein Geheimnisbesitz zukommt, sondern weil ihm das in diesem Falle zur Antragstellung erforderliche Recht am Betriebe mangelt; dieses steht lediglich dem Vertretenen zu. Den Geheimnisbesitz hat also der gesetzliche Vertreter vor den Organen der juristischen Personen voraus. Während

[1]) Vgl. Sauter, Das Berufsgeheimnis und sein strafrechtlicher Schutz S. 135.

[2]) Vgl. Fuld § 22 Nr. 5e, bb.

[3]) Ebenso Frank § 300 VI; Wolff, Der strafrechtliche Schutz S. 70 u. a. Abweichend insbes. RGSt. 13, 62 f.; Olshausen § 300 Nr. 11; A. Finger aaO. 370 Nr. 2, aber nicht deshalb, weil kein Privatgeheimnis des Kindes vorliege, sondern weil nur der Anvertrauende als Verletzter angesehen wird.

[4]) Gemeine Meinung vgl. RGSt. 13, 60.

die Geheimnisse der Körperschaften nicht notwendig durch den Geheimhaltungswillen der Organe bedingt wurden, entscheidet lediglich der Wille des den Betrieb leitenden, den Rechtsanwalt oder Arzt konsultierenden gesetzlichen Vertreters darüber, ob ein Geheimnis überhaupt vorliegen soll. Hat er z. B. gegen die offenkundige Benutzung der Erfindung in der Fabrik nichts einzuwenden, teilt er dem Anwalt die Vermögenslage oder sonstigen Verhältnisse des Kindes unter Umständen mit, die das Vorliegen eines Privatgeheimnisses für ausgeschlossen erscheinen lassen, so kann auch dem Kinde ein Geheimnis nicht zukommen.

Den gesetzlichen Vertretern sind, soweit es sich um den Besitz von vermögenswerten Geheimnissen, insbesondere von Geschäfts- und Betriebsgeheimnissen handelt, die Verwalter von Sondervermögen gleichzustellen. Hierzu rechnen der Ehemann bezüglich des eingebrachten Gutes, der Testamentsvollstrecker und Nachlaßverwalter bezüglich des Nachlasses und vielleicht auch noch der Konkursverwalter bezüglich der Masse. Die zu diesen Sondervermögen gehörenden Geheimnisse werden sowohl von den Verwaltern wie von den Vermögensinhabern besessen, sofern der volle Besitztatbestand in den Verwaltern verwirklicht ist. Die Ähnlichkeit zwischen diesen Vermögensverwaltern und gesetzlichen Vertretern tritt besonders in der Person des Nachlaßverwalters zutage, der einerseits dem Konkursverwalter und Testamentsvollstrecker nahe verwandt ist, anderseits aber vom Gesetz (§ 1975 BGB.) noch als Pfleger angesehen wird. Der innere Grund für die Übereinstimmung liegt darin, daß es sich bei der gesetzlichen Vertretung um Willensunfähige handelt, bei der gesetzlichen Vermögensverwaltung zwar um Willensfähige, deren Willen aber kraft positiver Regelung keine rechtliche Beachtung findet.

Im Sachenrecht, wo gleichfalls sowohl der gesetzliche Vertreter und Verwalter als auch der Vertretene und Vermögensinhaber als Besitzer angesehen werden, spricht man in diesen Fällen von mittelbarem Besitz[1]), und es könnte zunächst scheinen, als ob dieser Begriff der Übertragung auf die Geheimnisbesitzlehre ohne weiteres fähig wäre. Soweit der Geheimnisbesitz mit dem Sachbesitz an Urkunden und Modellen zusammenfällt und in diesem aufgeht, ist die direkte

---

[1]) BGB. § 868 „in einem ähnlichen Verhältnisse".

Anwendung des mittelbaren Besitzes selbstverständlich, enthält aber nichts Besonderes. Für eine weitergehende Übertragung des mittelbaren Besitzbegriffs sind Isay[1]), Burlage[2]) und Starck[3]) eingetreten. Ihnen kann aber darin nicht beigestimmt werden. Soweit es sich nämlich um die in § 868 BGB. besonders aufgezählten, den mittelbaren Besitz begründenden Rechtsverhältnisse der Pacht, Miete, Verwahrung usw. handelt, kommen diese entweder für den Geheimnisbesitz gar nicht in Frage, oder es muß der volle Besitztatbestand auch in der Person des sogenannten mittelbaren Besitzers begründet sein, falls diesem ein selbständiger Geheimnisbesitz zugerechnet werden soll. Erscheint es doch schon nach dem gewöhnlichen Sprach- und Verkehrsgebrauch, der für das Gewaltverhältnis der Person zum Geheimnis bestimmend sein sollte, fast widersinnig, daß ein Willensfähiger Geheimnisse besitzen soll, die er nicht besitzen will oder nicht kennt. Wenn es sich aber um Willensunfähige oder -beschränkte, also um Fälle der gesetzlichen Vertretung und Verwaltung von Sondervermögen, handelt, so spricht gegen die analoge Übertragung des § 868 BGB. bereits der Umstand, daß gerade diese Fälle von ihm nicht besonders erwähnt, sondern nur als Nebenerscheinungen betrachtet werden. Da der Geheimnisbesitz ferner im Gegensatz zum Sachbesitze in mehreren Personen restlos teilbar ist, so erscheint die Annahme eines nur wegen der Sacheinheit geschaffenen mittelbaren Besitzes für ihn überflüssig. Eine solche Analogie hat schon um deswillen keinen Wert, weil die für den mittelbaren Besitz bestimmenden §§ 869, 870 BGB. für den Geheimnisbesitz gar nicht in Betracht kommen. Wie der Fall, für welchen Isay ein Bedürfnis des mittelbaren Geheimnisbesitzes annimmt, ohne die Annahme eines solchen zu entscheiden ist, wird später zu erörtern sein[4]).

§ 10.

Besonders fruchtbar ist die Analogie zwischen Sach- und Geheimnisbesitz in der Lehre von der Stellvertretung für den Fall Besitzdienerschaft[5]). Im Hinblick hierauf und auf die Er-

[1]) Anhang Nr. 5.

[2]) MuW. XVII, 43.

[3]) GRuU. 1919, 203.

[4]) Vgl. unten § 31 S. 98 Note 2.

[5]) Grundsätzlich abw. RG. in MuW. XVII, 55 = ZIndrR. 1917, 88 a. E.

findung der Angestellten hat Isay seine Lehre vom Erfindungsbesitze begründet. Unsere Aufgabe soll im folgenden zunächst sein, sie auf den Geheimnisbesitz im allgemeinen auszudehnen. Hier wie beim Sachbesitz kann jemand die tatsächliche Gewalt über das Rechtsgut ausüben, so daß in seiner Person der volle Besitztatbestand gegeben ist, und dennoch wird der Besitz nicht ihm, sondern einem anderen zugeschrieben. Daran ist zweierlei merkwürdig: erstens daß der den Besitztatbestand Erfüllende keinen Besitz hat, und zweitens daß der andere, bei welchem die sonst von der Verkehrsanschauung geforderten Voraussetzungen nicht vorliegen, dennoch als Besitzer angesehen wird. Bei den Geheimnissen der gesetzlichen Vertreter und Vermögensverwalter findet sich der erstere Umstand überhaupt nicht und bei den Organen der juristischen Personen doch nur in beschränktem Maße, da in ihnen nicht unbedingt der volle Besitztatbestand (Geheimhaltungswille!) erfüllt zu sein braucht. Der zweite Umstand, daß jemand Geheimnisse haben kann, von denen er nichts weiß, erscheint hier noch eigenartiger als in den anderen Fällen der Besitzstellvertretung, weil es sich weder um juristische noch um willensunfähige oder verwaltungsbeschränkte Rechtspersönlichkeiten handelt.

Die mit einem treffenden und gebräuchlich gewordenen Ausdruck genannte Besitzdienerschaft ist gemäß § 855 BGB. gegeben, wenn jemand für einen anderen in dessen Haushalt oder Erwerbsgeschäft oder in einem ähnlichen Verhältnisse, vermöge dessen er den Weisungen des anderen Folge zu leisten hat, die tatsächliche Gewalt ausübt. Voraussetzung ist zunächst, daß der Besitzdiener die tatsächliche Gewalt über das Geheimnis hat, in ihm also der Zustand gegeben ist, der sonst von der Verkehrsanschauung als Geheimnisbesitz angesprochen wird; er muß demnach von dem Geheimnis Kenntnis haben. Wenn ihm trotzdem das Geheimnis nicht als eigenes zugerechnet wird, so liegt das nicht etwa daran, daß ihm ein eigenes Interesse an der Geheimhaltung fehlt. Denn erstens hindert dieser Umstand nicht das Vorliegen eines Geheimnisses, und zweitens wird auch der Besitzdiener häufig ein Interesse an der Geheimhaltung besitzen. Erst recht hat der Unterschied zwischen Geheimnisbesitz und bloßer Kenntnis[1]) mit der Besitzdienerschaft nichts zu

[1]) Vgl. oben § 6 S. 21.

schaffen. Der Besitzdiener muß vielmehr stets außer der Kenntnis einen eigenen Geheimhaltungswillen haben, der auf Dienstbefehl, Gesetz oder Vertrag beruhen kann. Diese seinen Geheimhaltungswillen begründende Beziehung muß im Fall der Besitzdienerschaft ein soziales Abhängigkeitsverhältnis sein, kraft dessen der Besitzherr die Gewalt durch den Besitzdiener als sein Werkzeug ausübt[1]). Zur Erläuterung werden wenige Beispiele genügen:

1. Der Kammerdiener eines Tenors weiß, daß sein Herr ein falsches Gebiß trägt. Herr und Diener hüten dies ängstlich als Geheimnis; dennoch erscheint lediglich der Herr als Besitzer des Gebisses wie des Geheimnisses, der Kammerdiener ist nur Besitzdiener, auch wenn er ein Ersatzgebiß in eigener Verwahrung haben sollte. Denn ebenso wie er das Gebiß selbst auf die Weisung seines Herrn zum Zahnarzt tragen müßte, so ist er auch verpflichtet, diesem oder einem Dritten auf Weisung seines Herrn das Geheimnis zu offenbaren.

2. Der Bureauvorsteher besitzt nicht die seinem Anwalt anvertrauten und auch ihm bekannten Privatgeheimnisse, obwohl er durch § 300 StGB. zur Geheimhaltung verpflichtet ist. Denn der Anwalt, der ihm das Geheimnis mitteilt oder durch seinen Bureaubetrieb sonst zugänglich macht, ist nicht nur befugt, ihm Schweigen zu gebieten, sondern auch, daß er das Geheimnis an andere (Anwälte, Gericht, gegnerische Partei, der Allgemeinheit durch öffentliche Zustellung) weiter mitteilt. In Prozessen wird der Bureauvorsteher von dem Zeugnisverweigerungsrecht des § 383 Ziff. 5 ZPO. nicht Gebrauch machen dürfen, wenn ihn der Anwalt von der Verpflichtung der Verschwiegenheit entbindet (§ 385 II ZPO.), sofern nicht besondere Umstände den entgegenstehenden Willen des Klienten dartun.

3. Der einzelne Soldat ist nur Besitzdiener all der unzähligen militärischen Geheimnisse, die ihm während seiner Dienstzeit bekannt werden. Denn auf rechtmäßigen Befehl seiner Vorgesetzten hat er jederzeit diese Geheimnisse dritten Personen kundzutun. Die einfachen Parkschlosser, Waffenmeister und ihre Gehilfen in den Artilleriewerkstätten sind nicht Besitzer der dort angewandten Geheimnisse. Inwieweit die Betriebsleiter als solche neben dem geheimnisbesitzenden Staate als Geheimnisbesitzer anzusehen sind,

---

[1]) RGZ. 71, 251.

darüber entscheidet nach dem oben Dargelegten[1]) die jeweilige Verfassung der militärischen Behörde.

4. Ganz ähnlich liegt der Fall in privaten Betrieben. Auch hier besitzen die Arbeiter, Techniker, Ingenieure und Chemiker weder die in Benutzung genommenen Maschinen und Geräte noch die dabei zur Anwendung gelangenden Geheimnisse. Ebenso wie sie auf Grund ihrer Arbeitsverträge nach Weisung ihres Dienstherrn die Aufstellung bisher geheim gehaltener Maschinen an offen zugänglichen Plätzen vorzunehmen haben, geheime Muster offen zur Versendung bringen müssen, Abschriften von geheimgehaltenen Briefen und Zeichnungen an Dritte weiterzugeben haben, so gilt dies auch von allen anderen Geheimnissen, die zu den Betrieben gehören. Sie besitzen zwar einen eigenen Geheimhaltungswillen, der auf ihrer durch Vertrag und UWG. begründeten Schweigepflicht beruht. Dennoch erscheint nur der Arbeitgeber als Geheimnisbesitzer, so daß durch Verletzung des Betriebsgeheimnisses nicht ein Rechtsgut des Angestellten beeinträchtigt wird.

In all diesen Fällen kann der Besitzherr durch eigene Kenntnis auch unmittelbar das Geheimnis besitzen, nicht nur durch Vermittlung des Besitzdieners. Beim Sachbesitz findet sich die gleiche Erscheinung; die Hausfrau, die im Haushalte mitarbeitet, besitzt die dazu erforderlichen Geräte ganz unabhängig von dem etwa vorhandenen Gesinde. Dessen hinzutretende Besitzdienerschaft hat alsdann nur die Bedeutung, daß der erfüllte Besitztatbestand ihm gleichwohl nicht als Besitz zugerechnet wird. Diese Erscheinung des doppelten, eigenen wie durch Besitzdiener vermittelten Besitzes findet sich beim Geheimnis aber viel häufiger als beim Sachbesitz; denn ersteres läßt sich beliebig oft teilen und vermehren, die körperliche Sache dagegen nicht. Der unvermittelte Geheimbesitz kann jedoch auch dem Besitzherrn fehlen. Es wird in großen kaufmännischen und gewerblichen Betrieben sogar in der Mehrzahl der Fälle der Inhaber nicht alle benutzten Geschäfts- und Betriebsgeheimnisse kennen.

Nicht nur die Kenntnis des Besitzdieners, sondern auch sein Geheimhaltungswille wird unter diesen Umständen dem Besitzherrn zugerechnet. Denn dieser kann schwerlich etwas geheimhalten wollen, was er gar nicht weiß. Allerdings braucht sein Geheimhaltungs-

[1]) Vgl. oben § 8 S. 27.

wille nicht im einzelnen geäußert zu werden, sofern er sich von selbst versteht oder im allgemeinen für den ganzen gegenwärtigen und zukünftigen Kreis der in Frage kommenden Tatsachen und Dinge ausgesprochen ist. Gleichwohl werden häufig Fälle vorkommen, die bisher in den Willen des Dienstherrn überhaupt noch keinen Eingang gefunden haben. Alsdann wird diesem der Wille des Besitzdieners zugerechnet.

Wie ist es aber zu beurteilen, wenn es einem ungetreuen Diener an dem gebotenen Geheimhaltungswillen mangelt? Sofern der Besitzherr auch noch eigene Kenntnis, also unvermittelten Geheimnisbesitz hat, ist die Verratsabsicht des Dieners unschädlich, bis er die Offenkundigkeit wirklich herbeiführt. Schwieriger liegt der Fall, wenn der Dienstherr weder Kenntnis noch infolgedessen einen Geheimhaltungswillen hat und somit lediglich die Person des Besitzdieners entscheidet. Man könnte annehmen, daß für diesen Fall ein Geheimnis überhaupt nicht vorliegt, falls der Diener das Geheimnis gar nicht geheimhalten will; denn es fehlt dann gänzlich am Geheimhaltungswillen; z. B. der findige Reisende entdeckt eine neue Bezugsquelle von Rohstoffen in der Absicht, sie der Konkurrenz mitzuteilen. Oder der Besitzdiener will zwar seine erworbene Kenntnis geheimhalten, aber nicht für seinen Dienstherrn, wie es § 855 BGB. verlangt, sondern für sich selbst; der Reisende will mit den Rohstoffen selbst handeln, der angestellte Techniker die mit fremden Betriebsmitteln in fremdem Betriebe gemachte Erfindung selbst verwerten. Solange es sich hierbei nur um eine innere Entschließung des Besitzdieners, das Geheimnis zu offenbaren oder für sich selbst zu behalten, handelt, ist sie für den Geheimnisbesitz des Dienstherrn dann unschädlich, wenn ihm das Geheimnis auf Grund des Dienstverhältnisses gebührt. Denn da „quivis praesumitur bonus", wird der Geheimhaltungswille des Besitzdieners so lange vermutet, bis er seinen rechtswidrigen Entschluß in äußerlich erkennbarer Weise in die Tat umsetzt. Ebensowenig wie der Dienstbote schon durch den Willen, die Haushaltungsgegenstände für sich zu behalten, der Hausfrau den Besitz entzieht oder gar bei von ihm selbst gekauften Dingen ihn überhaupt nicht erst vermittelt, sondern hierzu die nach außen hervortretende Wegnahme oder der Kauf und Empfang in eigenem Namen hinzutreten muß[1]), gerade so vernichtet

[1]) RGRäte § 855 Nr. 2.

oder stiehlt der Besitzdiener erst durch die Tat das Geheimnis seines Besitzherrn; bei Verratsabsicht durch die Offenbarung und die damit eintretende Offenkundigkeit; bei der Aneignung dadurch, daß diese vollzogen wird, der Reisende seine Bezugsquellen im Sonderinteresse verwertet, der Techniker seine Erfindung heimlich verkauft oder zum Patent anmeldet. In diesem Augenblick, der selbstverständlich mit dem der Entstehung des Geheimnisses zeitlich zusammenfallen kann, erwirbt der Besitzdiener an Stelle des Besitzherrn den Besitz.

All dies gilt aber nur, wenn dem Dienstherrn der Besitz des Geheimnisses überhaupt gebührt. Auch der Sachbesitz wird dem Dienstherrn lediglich dann zugerechnet, wenn ihm die vom Besitzdiener in Besitz genommene Sache zukommt, es beim Gesinde sich z. B. um Haushaltungsgegenstände handelt und nicht um Dinge, die für den Privatgebrauch des Dienstboten bestimmt sind. Wann dem Besitzherrn das Geheimnis gebührt, regelt sich nach dem Verhältnisse, das zwischen ihm und demjenigen besteht, in dessen Person der Besitztatbestand erfüllt wird. Soweit nicht Beamten- oder militärische Dienstverhältnisse in Betracht kommen, wird es sich hier wie beim Sachbesitz meist um die Auslegung des Arbeitsvertrages handeln. Immer ist aber daran festzuhalten, daß zwar das Vorliegen der Besitzdienerschaft danach beurteilt werden kann, wem der Besitz zukommt, das Geheimnis also gehört, daß aber im übrigen der Geheimnisbesitz und das Recht auf das Geheimnis[1]) juristisch genau so scharf voneinander zu scheiden sind wie im Sachenrecht der Besitz und das Recht zum Besitze. Der erfindende Angestellte, der die dem Betriebsinhaber zukommende Erfindung entwendet und dies durch heimliche Verwertung kundgibt, bevor sein Dienstherr von der neuen Erfindung Kenntnis erhält, hat allein den Erfindungsbesitz; denn dieser ist eine Tatsache. Das Recht auf die Erfindung hat lediglich der Dienstherr. Oder umgekehrt: gehören nach dem Arbeitsvertrage zunächst sämtliche im Betriebe gemachte Erfindungen dem Betriebsinhaber, ist dieser aber verpflichtet, dem erfindenden Angestellten solche Erfindungen, die von der Arbeitsweise des Betriebes abweichen, zu übertragen, so erwirbt im Augenblicke

---

[1]) Dieser obligatorische Anspruch auf das Geheimnis hat mit einem absoluten „Recht am Geheimnis“, „Recht an der Erfindung“ nichts gemein.

der Erfindung der Dienstherr, auch ohne Kenntnis, den Erfindungsbesitz, aber nur diesen; das Recht auf die Erfindung hat der als Besitzdiener besitzlose Angestellte.

Der Schutz des Geheimnisses.

§ 11.

Der Schutz des Geheimnisses unterscheidet sich grundlegend von dem Sachbesitzschutze. Beim Erwerb und Verlust, und wie sich später zeigen wird, auch bei der Übertragung des Besitzes sowie bei der Stellvertretung ist eine analoge Übertragung der Sachbesitzregeln auf das Geheimnis um deswillen möglich, weil es sich beide Male um den Besitztatbestand als solchen, um die Herrschaftsmöglichkeit handelt. Die Verletzung des Geheimnisses dagegen richtet sich, soweit Geheimnis- und Sachbesitz nicht ausnahmsweise zusammenfallen[1]), in der Regel[2]) gar nicht gegen den Geheimnisbesitz, d. h. das durch die Kenntnis begründete tatsächliche Gewaltverhältnis. Eine Entziehung oder Störung der geheimen Kenntnis ließe sich überhaupt nur als Folge hypnotischer Einwirkung denken, was praktisch indessen nicht vorkommt und im Bedarfsfalle durch den Schutz der persönlichen Freiheit und der körperlichen Unversehrtheit gedeckt sein würde. Die gewöhnliche Geheimnisverletzung geschieht in zwei wesentlich anderen Formen[3]), nämlich durch Eindringen in eine fremde Geheimsphäre oder durch Verfügen über das Geheimnis eines anderen. Erstere betrifft die Art des Geheimerwerbs, letztere die Verwertung und die Weitergabe eines bereits erworbenen Geheimnisses. Beide Arten lassen die Kenntnis des ursprünglichen Geheimnisträgers, seinen Besitztatbestand, als solchen unberührt. Eine entsprechende Anwendung der für den Sachbesitz geltenden Regeln (§§ 858 ff. BGB.) kommt deshalb nicht in Frage. Da es auch weiter eine allgemeine, jedes Geheimnis schützende Norm in unserem Rechte nicht gibt, muß dieses als schutzlos gelten, soweit nicht im einzelnen Falle besondere Vorschriften oder vertragliche Abmachungen entgegenstehen. Wenn ein junges Mädchen heimlich Tanzstunde nimmt oder mit jemandem ein Liebesverhältnis unter-

---

[1]) Vgl. oben § 7 S. 25.

[2]) Ausnahme bei der Entnahme in Erfindungsbesitze vgl. unten § 27 S. 76.

[3]) Vgl. A. Finger, Vergl. Darstellung des deutschen und ausländischen Strafrechts VIII, 298; Serexhe, Verletzung fremder Geheimnisse 31.

hält, wenn ein Tenor ein falsches Gebiß trägt, so darf jeder Dritte dies in Erfahrung zu bringen suchen oder, wenn er es zufällig bemerkt, ungehindert verbreiten. Das Geheimnis ist in der Regel selbst dann vogelfrei, wenn ein starkes vermögensrechtliches Interesse seines Trägers dadurch berührt wird. Ein Heilgehilfe hat eine neue Massiermethode, die er sorgfältig geheim hält, und die ihm viele Patienten verschafft. Wenn ein anderer Masseur sie durch Zufall erfährt und sie nun selbst anwendet oder veröffentlicht, so kann der erstere dagegen nicht aus dem Grunde Einspruch erheben, weil seine Praxis eine Einbuße erleidet.

Ein allgemeiner Schutz jedes Geheimnisses gegen Beeinträchtigung läßt sich auch nicht aus dem Schutze der menschlichen Persönlichkeit als solcher herleiten. Denn „ein allgemeines subjektives Persönlichkeitsrecht ist dem geltenden bürgerlichen Rechte fremd. Es gibt nur besondere, gesetzlich geregelte Persönlichkeitsrechte, wie das Namensrecht, das Warenzeichenrecht, das Recht am eigenen Bilde, die persönlichkeitsrechtlichen Bestandteile des Urheberrechts[1]." Zu diesen gehört das Geheimnis nicht; zu seinem Schutze finden daher im allgemeinen[2]) weder Schadensersatz- und Unterlassungsanspruch nach § 823 I noch etwa entsprechend die negatorische Abwehrklage der §§ 12, 1004 BGB. Anwendung.

§ 12.

Ein Schutz des Geheimnisses ist nur dann gegeben, sofern dessen Verletzung im einzelnen Falle gegen besondere gesetzliche oder vertragliche Bindungen verstößt. So wird der Schutz der Geheimsphäre gegen unbefugtes Eindringen zunächst[3]) durch die strafrechtlichen Normen zur Wahrung des Hausfriedens und der persönlichen Freiheit gewährleistet; ferner kommen eine Anzahl besonderer krimineller Verbotsgesetze, z. B. § 299 StGB. (Brief-

[1]) RGZ. 69, 403. Vgl. auch RGZ. 51, 373; 56, 275; 58, 29; Warneyer 09 Nr. 505 und OLG. Hamburg GRuU. 01, 210. In der Literatur stark bestritten; vgl. die Angaben bei Schanze, Sammlung industrierechtlicher Abhandlungen 2, 280 ff.

[2]) Abweichend vor allem Lobe, Der unlautere Wettbewerb I S. 328; Kohler, Der unlautere Wettbewerb S. 17 ff., 245 ff.; Handbuch §§ 100, 101 S. 249 ff.; Lehrbuch des Patentrechts S. 227.

[3]) Gelegentlich entfällt auch zum Schutze des Geheimnisses eine an sich bestehende gesetzliche Offenbarungspflicht; ZPO. § 384 Z. 3, Betriebsrätegeś. § 71

geheimnis)[1] in Betracht. Das planmäßige Auskundschaften fremder Geheimnisse schließlich verstößt grundsätzlich gegen die guten Sitten und wird häufig die Tatbestände der §§ 826 BGB., 1 UWG. erfüllen, vor allem wenn es sich gegen Geschäfts- und Betriebsgeheimnisse richtet (Geschäftsspionage). Unter solchen Voraussetzungen verpflichtet das Eindringen in den fremden Geheimniskreis zivilrechtlich zum Schadensersatze (§§ 823 II, 826 BGB., 1 UWG.). Da dieser die Herstellung des vor dem unbefugten Geheimniserwerb bestehenden Zustandes zum Ziele hat, so kann beispielsweise von demjenigen, der unter Verletzung des Briefgeheimnisses sich Abschriften von einem fremden Briefe verschafft hat, ihre Herausgabe an den Gerichtsvollzieher zur Vernichtung verlangt werden[2]. Soweit aber der Verletzer sich der bereits erworbenen Kenntnis tatsächlich nicht entäußern kann, geht der Schadensersatzanspruch dahin, die Ausnutzung und Weitergabe des Geheimnisses zu unterlassen. Es ist dies die von der Rechtsprechung[3]) geschaffene Unterlassungsklage auf Wiederherstellung, die nach der gegenständlichen wie persönlichen Seite den vollen Tatbestand einer unerlaubten Handlung in der Vergangenheit sowie ihr dauerndes Fortwirken in der Zukunft voraussetzt. Hat beispielsweise ein Auskunftsbureau sich die gewünschte Auskunft auf strafbarem oder sittenwidrigem Wege verschafft, so kann ihm durch Klage oder einstweilige Verfügung die Weitergabe untersagt werden.

Neben der Unterlassungsklage auf Wiederherstellung steht der vorbeugende Unterlassungsanspruch, der auch mit ihr verbunden werden kann. Er setzt den gegenständlich rechtswidrigen Eingriff in die geschützte Geheimsphäre oder doch ernstliche, schon den Beginn einer Verletzung darstellende Vorbereitungshandlungen[4]) für die Vergangenheit, für die Zukunft die Wiederholungsgefahr voraus. Auch soweit er nicht durch § 1 UWG. ausdrücklich gewährt ist oder es sich um die durch § 823 I BGB. geschützten Rechtsgüter handelt, ist er heute anerkannten Rechtens[5]), falls die mittelbar durch Schutz-

[1]) Vgl. auch § 4 des Ges. v. 3. 6. 1914 gegen den Verrat mil. Geheimnisse.

[2]) Vgl. OLG. Hamburg in DJZ. 1920, 471. Ferner auch RGZ. 45, 173.

[3]) RGZ. 56, 286; 72, 251; 77, 219; 82, 62; 91, 267; in JW. 1913, 34 Nr. 2 und RGRäte vor § 823 Nr. 6 II.

[4]) Vgl. das Nähere bei Rosenthal S. 61 f.

[5]) Vgl. RGRäte vor § 823 Nr. 6 III.

gesetze im Sinne des § 823 II BGB. gesicherten Interessen in Frage stehen. Nur ist hierbei zu beachten, daß in letzteren Fällen, nach der ständigen, wenn auch wohl mit Recht stark befehdeten Rechtsprechung des Reichsgerichtes[1]) stets streng zu prüfen ist, ob die im Schutzgesetz angedrohte öffentliche Strafe nicht zu einer Verneinung des Rechtsschutzbedürfnisses führt. Wenn das oben erwähnte Auskunftsbureau die geforderten Kenntnisse durch Bestechung von Angestellten zu erlangen sucht, so steht dem Prinzipal die vorbeugende Unterlassungsklage zur Seite, sobald das Bureau an einen Angestellten auch nur herangetreten ist. Handelt es sich dagegen um einen Staatsbetrieb, dessen Angestellte als Beamte zu gelten haben, so erscheint es nach der reichsgerichtlichen Rechtsprechung mit Rücksicht auf den § 333 StGB. zweifelhaft, ob dem Fiskus ein solcher Unterlassungsanspruch zusteht.

§ 13.

Wichtiger und schwieriger ist die Frage, inwieweit das Geheimnis gegen die zweite Form seiner Beeinträchtigung, gegen die unbefugten Verfügungen seitens Fremder, geschützt ist. Solche können sich auf die Benutzung oder die Weitergabe des Geheimnisses[2]) an Dritte beziehen. Am einschneidendsten ist seine Preisgabe an die Allgemeinheit; denn während in den übrigen Fällen das Geheimnis als solches noch fortbesteht, mag es auch durch die Mitbenutzung oder durch die Mitwissenschaft anderer in seinem Werte gemindert werden, so wird es durch den Eintritt der Offenkundigkeit gänzlich vernichtet. Da die Verwertung oder Offenbarung nur durch jemanden erfolgen kann, der von dem Geheimnis Kenntnis hat, so kann sein Schutz nur so weit reichen, als eine Verpflichtung besteht, von den eigenen Kenntnissen überhaupt keinen oder doch nur beschränkten Gebrauch zu machen. Eine solche Pflicht wird indessen nicht allein durch den Umstand begründet, daß mehrere

---

[1]) RGZ. 77, 217; JW. 12, 587 Nr. 4; 1913, 34 Nr. 23; 1915, 114; Z. 82, 59; 88, 130; 91, 265 u. 350; 95, 268 u. 339; JW. 1919, 722 u. 942. Dagegen vor allem Rosenthal, letzthin in JW. 1919, 722 u. Gruchot 63, 722 ff., wo (723 Nr. 1) Literaturangabe.

[2]) Vgl. UWG. §§ 17, 18; Weingesetz 7. 4. 09 §§ 24, 27: „verwertet oder mitteilt". RVO. §§ 142, 143, AngestelltenVersGes. §§ 350, 351: „verwerten oder offenbaren". Margarinegesetz § 10: „Mitteilung und Nachahmung". GewO. § 145 a Ziff. 2, MargGes. § 15: „nachahmen oder offenbaren".

das gleiche Geheimnis besitzen oder von ihm Kenntnis haben. Während sonst der Besitz des gleichen Rechts oder der gleichen Sache zwischen den verschiedenen Besitzern im allgemeinen eine Gemeinschaft erzeugt, ihr Innenverhältnis ein geregeltes ist, fehlt es daran beim Geheimnis. Wenn dem so ist, liegt das daran, daß zwar ihr Geheimnis oder ihre Kenntnis sich auf den gleichen Gegenstand bezieht, im übrigen aber jeder sein eigenes Geheimnis, seine eigene Kenntnis besitzt und gerade soviel Geheimnisse oder Kenntnisse vorliegen wie menschliche Träger. Sind an einem Grundstück verschiedenen Personen Wegegerechtigkeiten bestellt, so gibt es soviel Dienstbarkeiten als Berechtigte, ohne daß diese durch die Einheit des Weges irgendwie miteinander verbunden würden[1]). In gleicher Weise fehlt dem Geheimnis das Moment der Ausschließlichkeit. Eine allgemeine Verpflichtung, die Benutzung oder Offenbarung fremder Geheimnisse zu unterlassen, gibt es nicht; sie kann nur aus besonderen Rechtsgründen entstehen.

In dieser Beziehung wurde bereits oben der Fall der wiederherstellenden Unterlassungsklage erwähnt. Verwertung und Mitteilung des Geheimnisses an andere sind verboten, sofern bereits sein Erwerb eine unerlaubte Handlung darstellt, z. B. unter Verletzung des Briefgeheimnisses oder des Hausfriedens erfolgt ist. Der Unterlassungsanspruch richtet sich als persönliche Schadensersatzforderung nur gegen den ersten Verletzer[2]). Hat er das Geheimnis bereits an einen Dritten weitergegeben, so kann der ursprüngliche Geheimnisträger diesen an einer Verfügung über das Geheimnis nicht hindern[3]), sofern nicht etwa dessen Verwertung als eine besondere unerlaubte Handlung (§§ 826 BGB., 1 UWG.) erscheint.

§ 14.

Die besonderen Fälle, in denen das Gesetz ausdrücklich das Geheimnis gegen unbefugte Nachahmung oder Mitteilung schützt, beruhen auf verschiedenen Gründen. Die Offenbarung des Geheim-

---

[1]) § 1024 BGB. steht dem nicht entgegen, sondern folgt aus dem absoluten Rechte, das die Dienstbarkeit bildet.

[2]) Der gegen ihn gerichtete Unterlassungsanspruch schließt das Vorliegen der Offenkundigkeit in seiner Person aus; vgl. PA. in Mitteilungen 1913, 132.

[3]) Zu einem anderen Ergebnis führt die Auffassung vom Persönlichkeitsrechte (negatoria); vgl. Kohler, Unlauterer Wettbewerb S. 287.

nisses kann das Staatsinteresse verletzen wie beim Staats- und militärischen Geheimnis (StGB. §§ 92, 353a; Ges. v. 3. 6. 14). Die Benutzung und Weitergabe von Privat- und Gewerbegeheimnissen wird verboten, soweit das Gesetz den einzelnen zur Kundgabe seiner Geheimnisse gegenüber Beamten oder Sachverständigen nötigt; hierher gehören die zahlreichen Vorschriften des Gewerberechts[1]), des Versicherungsrechts[2]) und des Steuerrechts[3]). Das Postgeheimnis[4]) wird gesichert, weil der Verkehr sich bei der Monopolstellung der Post dieser bedienen muß. Aus ähnlichem Grunde werden diejenigen Privatgeheimnisse geschützt, welche Anwälten, Notaren, Verteidigern, Ärzten, Hebeammen, Apothekern und ihren Gehilfen anvertraut werden[5]). Geschäfts- und Betriebsgeheimnisse genießen den Schutz des UWG., um dem Kaufmann die Frucht seiner redlichen Arbeit zu sichern. Und der Erfindungsbesitz wird schließlich um des schöpferischen Erfinders willen geschützt[6]).

Das Verbot, die Geheimnisse anderer zu benutzen, braucht nicht in der Form des Gesetzes zu ergehen. Militärische Befehle, dienstliche Anweisungen von Vorgesetzten an die ihnen unterstellten Beamten, richterliche Urteile, einstweilige Verfügungen können das gleiche bindend für die Betroffenen anordnen.

§ 15.

Schließlich kann das Geheimnis durch freie Vereinbarung zwischen einzelnen Personen gegen fremde Verfügungen gesichert werden. Besonders häufig findet sich dies zum Schutze gegen Offenbarung. Die Geheimhaltungspflicht wird entweder ausdrücklich im Vertrage festgesetzt und womöglich noch durch Versprechen hoher Vertragsstrafen für den Fall der Verletzung verstärkt, oder sie ergibt sich stillschweigend aus dem Wesen des Vertrages, wie dies bei Gesellschaftsverhältnissen der Fall ist. Besondere Bedeutung gewinnt dieser Gesichtspunkt für die Geheimhaltung der in den Fabriken zur Anwendung gelangenden technischen Betriebsmittel und Verfahren.

---

1) Z. B. GewO. §§ 21a, 145a, 139b I., vgl. auch Betriebsrätegeſ. § 100.
2) Z. B. RVO. §§ 880, 882, 141—144, 1038.
3) Z. B. Wehrbeitragsgesetz § 46; Reichsabgabenordnung §§ 29, 206.
4) § 5 Postges.; §§ 354, 355 StGB.
5) § 300 StGB.
6) Das Nähere im besonderen Teil.

Bereits bei der Äußerung des Geheimhaltungswillens hatte sich ergeben, daß ein ausdrückliches Schweigegebot nicht erforderlich ist[1]), sondern häufig die Wichtigkeit der Tatsachen selbst die Geheimhaltung gebietet[2]). Von diesem Gebot werden auf Grund ihres Dienstvertrages zunächst die im Betriebe beschäftigten Angestellten, Arbeiter[3]) und Lehrlinge betroffen[4]), gemäß § 17 II UWG. unter Umständen auch Dritte, die von diesen das Geheimnis erfahren. Nach § 18 UWG. richtet sich das Mitteilungsverbot ferner an solche Personen, denen die Betriebsgeheimnisse besonders „anvertraut werden". Aber es betreten auch viele Personen die Fabrikräume, bei denen die Voraussetzungen der §§ 17, 18 UWG. nicht vorliegen, Lieferanten und dort beschäftigte Handwerker, denen infolge des Zutritts auch die geheimen Betriebsmittel zugänglich werden, ohne daß sie ihnen im Einzelfalle „anvertraut" sind[5]). Entsteht zwischen diesen und dem Betriebsinhaber von selbst eine Rechtsbeziehung, auf Grund deren sie ihm gegenüber zur Verschwiegenheit der ihnen kundgewordenen Betriebsgeheimnisse ohne weiteres verpflichtet sind? Die allgemeine Verkehrsauffassung und die Rechtsprechung hatten früher dies nicht angenommen[6]). Mit der Läuterung unserer Anschauungen darüber, was im geschäftlichen Verkehr und Wettbewerb als anständig und billig zu gelten hat, ist hierin eine Änderung[7]) eingetreten. Die Rechtsprechung nimmt heute unter Führung des Reichsgerichts und des Patentamts[8]) im Ergebnis, wenn auch in anderer Formulierung an, daß jeder, der auf Grund eines bestehenden Vertrages Betriebsräume betritt, auf Grund dieses Ver-

---

1) RG. im Recht 1910, 1475.

2) RG. JW. 02, 610 Nr. 24.

3) RGZ. 86, 315 = Bl. 1915, 171; Bl. 1918, 51 Nr. 54; 1915, 213 Nr. 183; 1913, 278; in Mitteilungen 1915, 51.

4) Vgl. § 17 I UWG.

5) Zugänglichkeit genügt für § 18 UWG. nicht; anders § 17.

6) RG. 9.5.92 = Bl. 92, 428 = G. 9, 204 = JW. 92, 302 Nr. 11 = Z. f. gewerbl. Rechtsschutz 1, 138, 140. RG. 11.12.95. Bl. 2, 97 = G. 11, 95 = JW. 96, 39 Nr. 46. RG. 6. 2. 96 Bl. 3, 56 = G. 12, 202 = Strafsachen 28, 158. Ausführliche Nachweise und Erörterung der früheren Rechtsprechung bei Schanze, Patentrechtliche Untersuchungen S. 77ff., 84ff.

7) Vgl. Seligsohn, GRuU. 1917, 81 und auch Gutachten des I. Zivilsenats des RG. zum Entwurf eines PG. 1914 S. 12; die grundsätzliche Änderung bestreitend Zimmermann in Mitteilungen 1916, 51ff., 54.

8) S. aber auch PA. in Mitteilungen 1917, 7.

trages zur Geheimhaltung über seine dort erworbene Wissenschaft verpflichtet ist; er wird zu den sogenannten an der Geheimhaltung „beteiligten Personen[1]" gerechnet. Hierzu gehören insbesondere Handwerker und Lieferanten[2]). Allerdings ist dabei zu beachten, daß, sofern die die Fabrik betretenden Personen nicht selbst die Verkäufer oder Unternehmer sind, sich der Vertragsanspruch des Betriebsinhabers auf Geheimhaltung oder Schadensersatz wegen Verletzung nur gegen seine Kontrahenten gemäß § 278 BGB. richten kann. Die Hilfsperson des Lieferanten oder Werkmeisters, die in keinem Verhältnis zum Betriebsinhaber steht, kann lediglich aus unerlaubter Handlung haften. Soweit nicht im Einzelfalle § 18 UWG. Platz greift, müssen die besonderen Voraussetzungen für § 826 BGB. oder § 1 UWG. gegeben sein. Dieselbe Schwierigkeit, eine Verpflichtung zur Geheimhaltung nach heutigem Rechte zu begründen, ist bezüglich der Besucher gegeben, denen aus Gefälligkeit das Betreten der Räume gestattet wird[3]). An einem rechtsgeschäftlichen Vertrage fehlt es bei einer solchen Liebenswürdigkeit. Man könnte allerdings mit der Annahme zu helfen versuchen, daß jeder die Fabrik Betretende stillschweigend mit dem Besitzer einen Vertrag schließe, kraft dessen er sich zur Geheimhaltung verpflichtet. Das Gezwungene einer solchen Konstruktion liegt aber auf der Hand. Mancher Besucher wird gerade deshalb den Einlaß begehren, um Geheimnisse abzusehen und sie in eigenem Interesse durch weitere Offenbarungen zu verwerten. Wenn ein solches berechnetes Gebahren auch stets unter die §§ 826 BGB., 1 UWG. fallen wird, so kann man doch nicht nur im jeweiligen Bedarfsfalle das Vorliegen eines stillschweigenden Vertragsbeschlusses bejahen.

Wie dem auch sei, jedenfalls widerspricht die Verletzung des Fabrikgeheimnisses seitens der die Räume betretenden Personen dem Anstand und guter Sitte. Bei den sich Einlaß verschaffenden Besuchern wird eine unbefugte Offenbarung in der Regel gegen §§ 826 BGB., 1 UWG. verstoßen und zum Schadensersatze verpflichten. Aber auch wenn die besonderen Tatbestände dieser Paragraphen

---

[1]) RGSt. 38, 110; 40, 407; im Bl. 1915, 170.

[2]) RGZ. 86, 315 = Bl. 1915, 171 = GewRuU. 15, 152; PA. im Bl. 1915, 226 ff.

[3]) „Bei Besuchen von Fremden . . . kann eine Verpflichtung hierzu aus den Umständen hervorgegangen sein." RGBl. 1915, 213 Nr. 183.

nicht erfüllt werden, es z. B. bei den Hilfspersonen von Lieferanten und Handwerkern am Schädigungsvorsatz oder Wettbewerbszweck fehlt, so genügt die Sittenwidrigkeit doch, um wenigstens die Offenkundigkeit der Betriebsgeheimnisse in der Person der Besucher auszuschließen. Sie haben zwar mangels rechtlicher Verpflichtung zur Geheimhaltung die Möglichkeit, ungestraft die fremden Geheimnisse sämtlichen anderen Interessenten zu offenbaren. Diesen mag im Einzelfalle auch diese Möglichkeit einer Kenntnisnahme bekannt sein. Die Offenkundigkeit, die aber nur durch die auf normalem Wege bestehende Möglichkeit der Kenntnisnahme bewirkt wird, liegt nicht vor, weil die Verletzung der Normen von Anstand und Sitte diesen Weg der Erfahrung als normwidrig und ungewöhnlich erscheinen lassen[1]). Der Satz: „Die Fabrik verliert kein Geheimnis" gilt daher nicht nur in dem unmittelbaren Sinne, daß die Benutzung der geheimen Betriebsmittel nicht offenkundig ist, weil es eine allgemeine Zutrittsmöglichkeit für Fabriken nicht gibt, sondern auch in dem mittelbaren, daß in der Person einzelner Besucher niemals Offenkundigkeit eintritt. In einer Reihe jüngerer Entscheidungen, die allerdings den Unterschied zwischen der unmittelbaren und mittelbaren Offenkundigkeit nicht hervorheben, ist dies heute anerkannt[2]). Das Reichsgericht betont ausdrücklich, daß bei Bestehen eines Vertrauensverhältnisses die Möglichkeit, daß unter seinem Bruche das Geheimnis offenbart werden kann, Offenkundigkeit nicht bewirke[3]). Nicht nur bei Besuchern und Hilfspersonen[4]) wurde ein solches, die Offenkundigkeit der Fabrikgeheimnisse ausschließendes Vertrauensverhältnis bejaht, sondern auch in einer Reihe von anderen Fällen zum Schutze der noch nicht angemeldeten patentfähigen Erfindung angenommen. Gemäß § 157 BGB. wurde es für vorliegend erachtet bei unentgeltlicher Überlassung von Geräten zur Benutzung, obgleich diese mehrere Jahre dauerte[3]). Eine Geheimhaltungspflicht wurde nach den Anschauungen des Verkehrs für Freunde und Mitangestellte des Erfinders betont, da diese die Kundgabe seiner Erfindung als Vertrauenssache ansehen

[1]) Die Offenkundigkeit ausschließende Pflicht zur Wahrung der guten Sitten betont PA. im Bl. 1915 S. 228; vgl. auch RG. im Bl. 1914 S. 278.

[2]) Abweichend LG. Fürth in ZIndR. 1918, 8.

[3]) RG. im Bl. 1914, 276 = MuW. XIII, 496.

[4]) PA. im Bl. 1915, 226ff.; vgl. auch S. 169 = GRUR. 15, 152.

müßten[1]). Auch für frühere Angestellte des Betriebsinhabers, für die weder nach Vertrag noch UWG. eine Rechtspflicht zur Geheimhaltung besteht, ist eine die Offenkundigkeit in ihrer Person ausschließende Anstandspflicht zu bejahen.

Die Wahrung der guten Sitten beschließt insofern die Lehre von der Geheimhaltungspflicht. Die Möglichkeit ihrer Übertretung läßt den Bestand des Geheimnisses so lange unberührt, bis eine Verletzung wirklich erfolgt und Offenkundigkeit eintritt. Fraglich erscheint, ob darüber hinaus eine solche auf guter Sitte beruhende Geheimhaltungspflicht genügt, um eine im übrigen bestehende staatliche Offenbarungspflicht auszuschalten. Wichtig ist dies für das Zeugnisverweigerungsrecht bezüglich der Kunst- und Gewerbegeheimnisse im Zivilprozesse. Entsprechend der allgemeinen Fassung des § 384 Ziff. 3 ZPO.[2]) ist meines Erachtens die Frage zu bejahen.

§ 16.

Eine Rechtspflicht, die Benutzung und Offenbarung fremder Geheimnisse zu unterlassen, war im Falle vorausgegangener unerlaubter Handlung sowie beim Bestehen besonderer Verbotsnormen (Gesetz, Urteil, Dienstbefehl) oder vertraglicher Abmachungen gegeben. Zu ihrer Durchsetzung bedient sich die Rechtsordnung verschiedener Mittel. In vielen Verbotsgesetzen ist dem Verletzer öffentliche Strafe angedroht. Beamte und Militärpersonen unterliegen disziplinarer Ahndung. Auf dem Gebiete des Prozeßrechts wurde das Zeugnisverweigerungsrecht bereits erwähnt. Die durch richterlichen Ausspruch festgestellte Geheimhaltungspflicht wird mittels Haft- und Geldstrafe zwangsweise zu verwirklichen gesucht (§ 890 ZPO.). Die freie Vereinbarung wird durch die versprochene Vertragsstrafe bestärkt. Darüber hinaus finden auf dem Gebiete des Privatrechts in allen Fällen die Unterlassungs- und die Schadensersatzklage statt. Erstere dient dazu, drohende Verletzungen zu verhindern, letztere bereits geschehene auszugleichen. Der Unterlassungsanspruch ist gewöhnliche Leistungsklage (§ 241 S. 2

---

1) RG. im Bl. 1915, 170.

2) § 384 Ziff. 2 kommt nicht in Frage, da es trotz seines Wortlauts nicht darauf ankommt, ob die Beantwortung als solche unehrenhaft ist, sondern ob die kundzugebende Tatsache zur Unehre gereicht: Dresden, Rspr. 5, 69; Stein § 384 I zu 2.

BGB.), soweit es sich um vertragliche Bindungen handelt. In anderen Fällen ist er die von der Rechtsprechung und dem UWG. geschaffene vorbeugende Unterlassungsklage, da die Gesetze, die die Verwertung und Mitteilung von Geheimnissen anderer verbieten, als Schutzgesetze im Sinne des § 823 II BGB. anzusehen sind. Wie schon oben bemerkt[1]), ist hierbei zu beachten, daß der vorbeugende Unterlassungsanspruch unbedingt nur in den Fällen gewährt wird, wo ihn das Gesetz ausdrücklich zuläßt, wie vor allem im Gebiete des gewerblichen Rechtsschutzes (§ 1 UWG.). Soweit dagegen im übrigen die Verbotsgesetze die Verletzung der Unterlassungspflicht unter öffentliche Strafe stellen, wird von der Rechtsprechung das Rechtsschutzbedürfnis[2]) für die vorbeugende Unterlassungsklage verneint.

Während für den Unterlassungsanspruch gegenständliche Rechtswidrigkeit genügt, setzt der Schadensersatzanspruch stets ein Verschulden des Verletzers voraus; hierbei begründet es keinen Unterschied, ob die Verfügung über das fremde Geheimnis eine Vertragsverletzung (§ 276 BGB.) oder eine norm- und sittenwidrige Handlung (§§ 823 II, 826 BGB., 1 UWG.) darstellt. Der Anspruch geht auf Herstellung des Zustandes, der bestehen würde, wenn der Verletzer das Geheimnis weder nachgeahmt noch an andere weiter mitgeteilt hätte (§ 249 BGB.). Wenn beispielsweise bei einem Darlehnsgeschäft der Rechtsanwalt des Darlehnsnehmers dem Geber von der ihm anvertrauten Notlage seines Klienten unbefugt Mitteilung macht (§ 300 StGB.) und die Hingabe des Darlehns aus diesem Grunde unterbleibt (§ 610 BGB.), so kann der Klient von dem Anwalt das Darlehn unter den gleichen Bedingungen verlangen, die mit dem Geber ursprünglich vereinbart waren. Eine teilweise Naturalrestitution ist auch bei widerrechtlicher Benutzung fremder Geheimnisse denkbar. Ein Angestellter macht sich eine Abschrift von einem Geheimrezept seines Prinzipals und fabriziert im eigenen Gewerbebetriebe danach kosmetische Mittel. Der wegen

---

[1]) Vgl. § 12 S. 38f., wo auch die sonstigen Voraussetzungen des Unterlassungsanspruchs erwähnt sind.

[2]) Dieses fehlt auch, sofern die Unterlassungspflicht auf bereits ergangenem gerichtlichen Urteile beruht. Im Falle vorausgegangener unerlaubter Handlung wird das Bedürfnis durch die wiederherstellende Unterlassungsklage gedeckt; vgl. oben § 12 S. 38.

unbefugter Verwertung angestrengte, auf §§ 17 II, 19 UWG. oder Vertragsverletzung gegründete Schadensersatzanspruch kann auf Herausgabe oder Vernichtung der vorhandenen Erzeugnisse gerichtet werden, da der Verletzer solche ohne die widerrechtliche Geheimnisbenutzung nicht besitzen würde[1]). In der Regel läßt sich jedoch der ursprüngliche Zustand nicht wiederherstellen; die bereits erfolgte Verwertung oder Offenbarung kann nicht mehr ungeschehen gemacht werden, die Unterlassung in der Zukunft ist zur Entschädigung des verletzten Geheimnisträgers nicht genügend. Alsdann ist dieser von dem Ersatzpflichtigen in Geld zu entschädigen. Im Falle widerrechtlicher Offenbarung ist dem Verletzten der Schaden zu vergüten, der ihm durch den Eintritt der Offenkundigkeit oder durch die hinzukommende Mitwisserschaft eines Dritten erwächst; denn dieser kann an der Weiterverwertung seiner erworbenen Kenntnis nicht wirksam von dem ursprünglichen Geheimnisträger gehindert werden. Bei unbefugter Geheimnisverwertung ist seitens des Verletzers die Vermögenslage des Geheimnisherrn herzustellen, die dieser bei alleiniger Ausnutzung des Geheimnisses erreicht haben würde. Der entgangene Gewinn ist gemäß § 252 BGB. zu ersetzen.

§ 17.

Wenn auch der Beweis des erlittenen Schadens durch das gewährte freie richterliche Ermessen (§ 287 ZPO.) erleichtert ist, so sind die Schwierigkeiten in der Praxis doch noch recht groß. Zum Ausgleich steht dem geschädigten Geheimnisbesitzer ein weiterer Rechts-

[1]) Rosenthal § 19 Nr. 12 faßt diesen Anspruch als Beseitigungsanspruch auf, getreu seiner von uns abgelehnten Grundauffassung, daß die Verletzung der geschützten Geheimsphäre ein Eingriff in das Persönlichkeitsrecht bilde, aus dem die negatorische Abwehrklage (§§ 823 Abs. 1, 1004, 862, 12 BGB.) erwachse. Die von ihm mit dieser Klage gleichfalls verfolgte Herausgabe oder Vernichtung der Rezeptabschrift kann m. E. von dem Prinzipal nur dann erreicht werden, sofern der Angestellte sich diese durch verbotene oder sittenwidrige Handlung verschafft hat. Alsdann handelt es sich um den auf diese Handlung gegründeten Schadensersatzanspruch (§ 249 BGB.). Würde dagegen der Prinzipal dem Angestellten die Rezeptabschrift bindend zur wissenschaftlichen Weiterarbeit gegeben haben, so könnte er, falls man ihn nicht zum Rücktritte für befugt erachtet, sie m. E. nicht ohne weiteres zurückverlangen, falls der Angestellte sie zur eigenen Fabrikation verwendet. Dies scheint mir darzutun, daß es sich um einen Schadensersatzanspruch aus der unerlaubten Verschaffung und nicht um einen negatorischen aus der unbefugten Verwertung des Geheimnisses handelt.

behelf zu, der Anspruch aus § 687 II BGB., welcher voraussetzt, daß jemand ein fremdes Geschäft als sein eigenes behandelt, obwohl er weiß, daß er dazu nicht berechtigt ist. Über den Begriff der Besorgung eines „Geschäfts" im Sinne dieser Vorschrift wie in unserem Auftrags- und Geschäftsführungsrechte überhaupt herrscht so lebhafter Streit, daß sich ein Eingehen auf die einzelnen, hierbei aufgeworfenen Fragen an dieser Stelle von selbst verbietet[1]). Im folgenden wird im Sinne der reichsgerichtlichen Rechtsprechung[2]) darunter eine selbständige Tätigkeit wirtschaftlichen Charakters verstanden, die nach § 687 II BGB. objektiv dem ausschließlichen Rechts- und Betätigungskreis eines anderen angehört, subjektiv aber „als eigene" vorgenommen wird. Zur Anwendung des § 687 II ist demnach erforderlich, daß die widerrechtliche Geheimnisverletzung ein wirtschaftliches Tun darstellt. Dies wird nur bei den Geheimnissen möglich sein, denen an sich ein wirtschaftlicher Charakter, ein in Geld veranschlagbarer Wert zukommt. Insbesondere ist das bei den geschäftlichen und technischen Geheimnissen der Fall, ohne daß diese gerade zu einem gewerblichen Unternehmen zu gehören, echte Geschäfts- und Betriebsgeheimnisse zu sein brauchten. Aber auch nicht jede sie betreffende Verletzung wird unter § 687 II einzureihen sein; die Geheimnisbenutzung wird zwar in der Regel eine Geschäftsbesorgung darstellen, die Offenbarung dagegen nur, falls sie durch Verkauf des Geheimnisses oder durch seine Veröffentlichung gegen Entgelt, nicht aber wenn sie durch einfaches Ausplaudern geschieht[3]). Die wirtschaftliche Verwertung eines Geheimnisses muß nun weiter, um den Tatbestand des § 687 II zu erfüllen, zwar im eigenen Interesse vorgenommen sein, objektiv aber dem ausschließlichen Rechts- und Betätigungskreise eines anderen angehören. Da an und für sich jedes Geheimnis vogelfrei ist und jeder seinen eigenen Geheimnisbesitz unbeschränkt ausnutzen kann, so ist dieses Tatbestandsmerkmal nur gegeben, wenn und soweit eine Rechtspflicht gegenüber einem anderen besteht, die Verwertung und Offenbarung seines Geheimnisses zu unterlassen. Wie dargelegt, ist dies lediglich dann der Fall, sofern bereits der Geheimniserwerb durch unerlaubte Handlung erfolgt ist oder besondere Normen oder Vereinbarungen

[1]) Riezler, Deutsches Urheber- und Erfinderrecht S. 129 Nr. 30.
[2]) RGRäte vor § 662 Nr. 2.
[3]) Vgl. auch RGZ. 83, 41 f.

die eigene Auswertung des Geheimnisbesitzes zugunsten eines anderen beschränken. Da § 687 II in subjektiver Hinsicht Wissentlichkeit dieses Umstandes verlangt, so kommt er nur zur Anwendung, sofern wegen normen- oder vertragswidriger Geheimnisverletzung zugleich ein Anspruch auf Schadensersatz gegeben ist.

Von diesem unterscheidet sich die Klage aus § 687 II BGB. durch ihren Gegenstand. Während der Schadensersatzanspruch die Vermögenslage des Verletzten berücksichtigt, geht der Hauptanspruch aus § 687 II vom Vermögensstande des Verletzers aus. Dieser wird als Geschäftsführer, der verletzte Geheimnisträger als Geschäftsherr behandelt. Letzterer kann gemäß §§ 681, 667 fordern, daß der Verletzer ihm alles herausgibt, was er aus der Geschäftsbesorgung, d. h. der Geheimnisverletzung erlangt hat[1]). Dem Verletzten bleibt dadurch seine schwierige Schadensaufstellung erspart. Ferner ist der Anspruch aus § 687 für ihn dann wertvoller, sofern der Verletzer mehr Nutzen daraus gezogen hat, als der Verletzte seinerseits gezogen hätte. Denn die unbefugte Geheimnisverwertung hört nicht deswegen auf, eine fremde Geschäftsbesorgung zu sein, weil sie in anderer Form erfolgt, als der ursprüngliche Geheimnisträger sie geplant hatte[2]). Wenn jemand einem Gelehrten ein technisches Geheimverfahren entwendet und es zu hohem Preise verkauft oder mit einträglichen Lizenzen belastet oder im eigenen Betriebe gewinnbringend ausnutzt, so besorgt er doch die Geschäfte des bestohlenen Gelehrten, auch wenn für diesen die Geheimnisverwertung nur in Form einer wissenschaftlichen Veröffentlichung in Frage kam. Zur Durchsetzung seines Anspruchs auf Herausgabe des Kaufpreises, der Lizenzgebühren oder der erzielten Reineinnahmen steht dem Bestohlenen gemäß §§ 687 II, 681 S. 2, 666, 259 BGB. der Anspruch auf Rechenschaftsablegung zur Seite, die durch Vorlegung der Rechnungen und Belege zu erfolgen hat und möglicherweise auch zur Leistung des Offenbarungseides verpflichtet.

§ 18.

Praktisch weniger bedeutsam und rechtlich zweifelhafter als Mittel des Geheimnisschutzes ist die Klage aus ungerechtfertigter

[1]) Daneben läßt sich der Schadensersatzanspruch statt unmittelbar auf die unerlaubte Handlung auch auf § 678 BGB. in Verbindung mit § 687 II gründen. [2]) Vgl. RGZ. 70,251 = Bl. 09,304f; RGZ. 100, 145.

Bereicherung. „Wer durch die Leistung eines anderen oder in sonstiger Weise auf dessen Kosten etwas ohne rechtlichen Grund erlangt, ist ihm zur Herausgabe verpflichtet“ (§ 812 BGB.). Da der Anspruch auf die Herausgabe von etwas Erlangtem gerichtet ist, berücksichtigt er ebenso wie der aus unechter Geschäftsführung die Vermögenslage des Verletzers und nicht wie der Schadensersatzanspruch die des Verletzten. Ferner kann § 812 ebenso wie § 687 II nur bei den Geheimnissen zur Anwendung gelangen, die wie geschäftliche und technische eine wirtschaftliche Verwertung gestatten und daher zum Vermögen ihres Trägers zu rechnen sind. Denn nur die aus dem Geheimnis gezogenen Nutzungen können Gegenstand der tatsächlichen Herausgabe sein, nicht das Geheimnis als solches, weil einmal erlangte Kenntnis sich nicht zurückgewähren läßt[1]). So wenig wie § 687 II greift daher § 812 in denjenigen Fällen der Geheimnisverletzung Platz, die den unbefugten Geheimniserwerb betreffen. Wer einen verschlossenen, nicht für ihn bestimmten Brief versehentlich eröffnet und von seinem geheimen Inhalt Kenntnis nimmt, ist nicht ohne weiteres aus § 812 verpflichtet. Denn weder wäre er zur „Herausgabe“ imstande, noch hat er das Geheimnis „auf Kosten“ von Absender oder Empfänger „erlangt“, da beide in ihrem Geheimnisbesitz oder Vermögen solange nicht beeinträchtigt sind, als der unbefugte Erwerber sich jeder Verwertung und Offenbarung enthält[2]).

Der Bereicherungsanspruch findet daher nur insoweit statt, als das Geheimnis durch unbefugte Benutzung und entgeltliche Offenbarung verletzt wird. Voraussetzung ist, daß der Vermögensstand des ursprünglichen Geheimnisträgers beeinträchtigt worden ist. Da dem Geheimnis in der Regel die Ausschließlichkeit fehlt, kann von einer Vermögensminderung infolge fremder Geheimnisverwertung nur dann gesprochen werden, sofern ausnahmsweise der erste Geheimnisbesitzer von dem zweiten verlangen kann, daß dieser seinen eigenen Geheimnisbesitz nicht betätigt. Nur soweit eine Rechtspflicht besteht, die Verwertung oder Offenbarung eines Geheimnisses zu unterlassen, ist der Bereicherungsanspruch gegeben. Nach dem Dargelegten ist dies lediglich bei vorausgegangener unerlaubter Handlung

[1]) Ausnahme beim Zusammenfallen von Geheimnis- und Sachbesitz, vgl. oben § 7 S. 25 (conditio possessionis!).

[2]) Lobe, Der unlautere Wettbewerb I S. 324.

oder beim Bestehen besonderer Normen und Vereinbarungen der Fall. Bei der versehentlichen Brieföffnung fände daher gegen den unbefugten Leser, der das darin enthaltene technische Geheimnis in Benutzung nimmt, der Bereicherungsanspruch nicht statt; denn mangels Vorsatzes bei der Öffnung fehlt es an einer unerlaubten Handlung und somit an einer Unterlassungsverpflichtung, weil die wiederherstellende Unterlassungsklage als Schadensersatzanspruch (§ 249 BGB.) den vollen Tatbestand einer unerlaubten Handlung auch nach der persönlichen Seite voraussetzt. Kann der Absender aber den Leser nicht an der Verwertung des Geheimnisses hindern[1]), so erst recht nicht, ihn zur Herausgabe der gezogenen Früchte zwingen. Der Bereicherungsanspruch hat also objektiv die gleichen Voraussetzungen wie die Klagen aus unechter Geschäftsführung oder auf Schadensersatz, nämlich die Verwertung und Offenbarung eines fremden Geheimnisses trotz einer dies ausschließenden Verpflichtung. Forderten aber die letzteren Klagen subjektiv Verschulden, der Anspruch aus § 687 sogar Wissentlichkeit, so ist dies für die Kondiktion nicht nötig. Soweit die Unterlassungspflicht nicht selbst wie im Falle vorausgegangener unerlaubter Handlung an ein Verschulden gebunden ist, erscheint dieses für den Bereicherungsanspruch belanglos. Das ist für alle drei Kategorien der bestehenden Unterlassungspflicht von Bedeutung:

Wenn der vorsätzliche Verletzer des Briefgeheimnisses stirbt und sein Erbe es gutgläubig verwertet, ohne von dem strafbaren Erwerbe des Erblassers etwas zu wissen, so ist er dem Geschädigten zur Herausgabe nach § 812, nicht aber nach § 687 II verpflichtet[2]). Ebenso richtet sich der Bereicherungsanspruch gegen denjenigen, der eine ausdrückliche Norm, ein fremdes Geheimnis weder zu verwerten noch mitzuteilen, ohne Verschulden übertritt. Werden beispielsweise einer Fabrik Vorlagen oder Schablonen mit der Anfrage übersandt, ob sie unter bestimmten Bedingungen vervielfältigt werden können (§ 18 UWG.), so haftet der Fabrikherr weder auf Schadensersatz noch aus unechter Geschäftsführung, wohl aber aus § 812, wenn sie

---

[1]) Eine andere Frage ist, inwieweit die Verwertung eines auf solche Art erlangten Geheimnisses als sittenwidrige unerlaubte Handlung anzusprechen ist, die einen Schadensersatzanspruch entstehen läßt.

[2]) Daneben richtet sich gegen ihn der gegen den Erblasser begründete Schadensersatzanspruch, der aber einen anderen Gegenstand hat.

aus entschuldbarem Versehen in seinem Betriebe als eigene verwertet werden. Beim Bestehen vertraglicher Bindungen schließlich wird die Kondiktion dann praktisch, sofern der das Geheimnis Verwertende von seiner Unterlassungspflicht ohne Verschulden keine Kenntnis hat; der Vertrag, die eigene Verwertung des Geheimnisses zu unterlassen, wird durch eine neue Vereinbarung aufgehoben, worauf der bisher Verpflichtete es im eigenen Interesse ausnützt. Nachher wird die zweite Vereinbarung wegen Irrtums angefochten, so daß nunmehr der erste Vertrag als ununterbrochen fortdauernd anzusehen ist. Die inzwischen gezogenen Früchte sind gemäß § 812 herauszugeben.

Jedoch fehlt es nicht, so könnte man meinen, in diesen Fällen an dem für die Kondiktion erforderlichen Umstand, daß etwas „auf Kosten eines anderen ohne rechtlichen Grund" erlangt ist? Da es sich nach dem Dargelegten nicht um den unbefugten Geheimniserwerb, sondern um die Verwertung und unentgeltliche Offenbarung handelt, ist das Geheimnis offenbar nicht selbst das rechtlos Erlangte. Wenn aber in den erwähnten Fällen der Erbe das im Brief enthaltene technische Geheimnis gegen Honorar veröffentlicht, der Fabrikant die nach den übersandten Vorlagen hergestellten Erzeugnisse veräußert, der Kaufmann vor erfolgter Anfechtung die geheimen Absatzmöglichkeiten durch Geschäftsabschlüsse verwirklicht, so sind doch Honorar, Kaufsumme und Geschäftsgewinne aus dem Vermögen von Dritten erlangt und zwar auf Grund rechtlich gültiger Verträge. Darf man trotzdem annehmen, daß diese Nutzungen des Geheimnisses ohne rechtlichen Grund auf Kosten des zur Verwertung befugten Geheimnisträgers erlangt sind? Die Frage ist gemäß den geistvollen Ausführungen Lobes[1]) zu bejahen. Zum Vermögen des geschützten Geheimnisträgers gehört nicht nur das Geheimnis als solches, sondern auch entsprechend dem im § 252 BGB. ausgesprochenen Grundsatze die gewinnversprechende wirtschaftliche Lage, die durch die rechtmäßige Verwertungsmöglichkeit des Geheimnisses gegeben ist. Diese kommt lediglich dem Nutzungsberechtigten zu und nicht auch demjenigen, der ihm gegenüber verpflichtet ist, sich jeglicher Verwertung des Geheimnisses

---

[1]) Lobe aaO. I § 22 S. 359 ff.; ihm folgend Rosenthal S. 99 ff.; vgl. auch Riezler aaO. § 28 S. 140.

zu enthalten. Die unmittelbare Vermögensverschiebung zwischen dem Verwertungsbefugten und dem Verletzer besteht darin, daß dieser die der Gewinnerzielung günstige wirtschaftliche Lage jenem entzieht. Sie ist das, was er „ohne rechtlichen Grund auf Kosten" des Nutzungsberechtigten erlangt. Wie nach BGB. § 252 der Gewinn, welcher nach dem gewöhnlichen Laufe der Dinge oder nach den besonderen Umständen, insbesondere nach den getroffenen Anstalten und Vorkehrungen mit Wahrscheinlichkeit erwartet werden konnte, von dem Schuldner in das Vermögen des Geschädigten ersetzt werden muß, so müssen bei der Bereicherung begründete Erwerbsaussichten zurückgegeben werden. Wenn die günstige wirtschaftliche Lage auch als solche nicht zurückgewährt werden kann, so erstreckt sich die Verpflichtung zur Herausgabe gemäß § 818 Abs. 1 doch insbesondere auf die gezogenen Nutzungen und erlangten Surrogate. Als solche sind vor allem der Gewinn für die unbefugte Geheimnisverwertung und das für die Offenbarung enthaltene Entgelt anzusehen[1]).

Der Anspruch gegen den Verletzer geht aber nur auf die tatsächlich noch beim Verpflichteten vorhandene Bereicherung (§ 818 III). Dieser kann, soweit er das Geheimnis im eigenen Betriebe in Benutzung genommen hat, daher nicht nur ein angemessenes Entgelt für die eigene Arbeit abziehen — kann doch insoweit nicht der erzielte Gewinn als Nutzung des Geheimnisses angesehen werden —, sondern ferner dem Geschädigten alle Aufwendungen und Auslagen in Rechnung stellen, die er für die Geheimnisverwertung gemacht hat. Aber auch darüber hinaus ist er von der Haftung befreit, soweit er die Nutzungen oder ihren Wert zur Zeit der Anspruchserhebung nicht in seinem Vermögen hat. Dieses Vorrecht hat der Verletzer jedoch nur, sofern er seine Verpflichtung, die Verwertung und Offenbarung des Geheimnisses zu unterlassen, nicht kannte. Handelte er wissentlich, so steigert sich seine Haftung gemäß §§ 819, 818 IV, und der Bereicherungsanspruch hat alsdann das gleiche Ziel wie der mit ihm bei Wissentlichkeit stets konkurrierende Anspruch aus unechter Geschäftsführung. Zu erwähnen wäre schließlich noch, daß sich die Kondiktion unter Umständen auch gegen einen

[1]) Ähnlich Riezler aaO. S. 142; abweichend Lobe, der den Klageantrag auf Wertersatz (§ 818 II) gerichtet sehen will. Praktisch begründet dies kaum einen Unterschied.

Dritten richtet, sofern diesem von dem zur Unterlassung Verpflichteten das Geheimnis unentgeltlich mitgeteilt wird und der Dritte es nunmehr gewinnbringend ausnutzt (§ 822). Voraussetzung ist dabei der gute Glaube des Offenbarenden, der seine Unterlassungspflicht nicht kennen darf. Weiß er sie, verschenkt der Fabrikant geheime Schablonen oder Vorlagen, deren Anvertrautsein ihm bewußt ist, so kann sich der Anvertrauende an den beschenkten Dritten gemäß § 822 um deswillen nicht halten, weil die Verpflichtung des Fabrikanten zur Herausgabe der Bereicherung wegen seiner Bösgläubigkeit fortbesteht[1]) und sich auf den Wertersatz für die verloren gegangene günstige wirtschaftliche Lage richtet (819, 818 IV).

Zur Unterstützung des Bereicherungsanspruchs dient die Klage auf Vorlegung eines Bestandsverzeichnisses[2]) (§ 260) und ev. auf Ableistung des Offenbarungseides.

Damit sind die vier Rechtsbehelfe des Geheimnisschutzes erschöpft. Während Schadensersatz- und Unterlassungsanspruch in 3 Jahren (§ 852 BGB.), nach UWG. § 22 sogar bereits in 6 Monaten verjähren, gilt für die Klagen aus unechter Geschäftsführung und ungerechtfertigter Bereicherung die normale 30jährige Verjährungsfrist. Aktiv legitimiert ist in allen Fällen der Besitzer des verletzten Geheimnisses, ohne daß es auf sein Recht zum Besitze ankommt. Auch wer ein fremdes Geheimnis unerlaubterweise im eigenen Betriebe verwendet, ist zur Klage gegenüber den Sachverständigen befugt, die im Rekursverfahren das Betriebsgeheimnis kennen lernen und es dann widerrechtlich nachahmen (§§ 20, 21 Ziff. 1, 21a GewO.). Verwertet ein Angestellter ein Geschäftsgeheimnis seines Prinzipals heimlich und unbefugt für sich und konsultiert er hierbei einen Rechtsanwalt, so stehen ihm neben dem Strafantragsrecht auch die zivilistischen Klagen zu Gebote, falls der Anwalt das anvertraute Geheimnis preisgibt. Mit dem Einwande, daß der Träger zum Geheimnisbesitze nicht berechtigt sei, wird der Beklagte nicht gehört, da dies eine exceptio ex iure tertii sein würde. Soweit der Schutz des Geheimnisses gegen Verletzung überhaupt reicht, kommt er dem Besitzer als solchem zustatten.

---

[1]) Dies wird häufig übersehen, letzthin z. B. von Starck, GRuU. 1921, 44.

[2]) Vgl. RGZ. 90, 137, 139; nicht auf Rechnungslegung wie bei § 687 II, Riezler aaO. S. 145 Nr. 17.

Besonderer Teil.

§ 19.

Unter den Geheimnissen spielen die technischen nach Zahl wie nach Bedeutung für das Wirtschafts- und Rechtsleben eine besondere Rolle. Die Möglichkeit ihrer gewerblichen Verwertung macht sie zu einem in Geld veranschlagbaren Gute; sie gehören zum Vermögen des Geheimnisbesitzers und nehmen daher, soweit dieses als solches Schutz genießt (§ 263 StGB.)[1]), daran teil. Der wirtschaftliche Charakter unterscheidet sie nicht nur von den Staats- und militärischen Geheimnissen, sondern auch von vielen anderen Privatgeheimnissen. Von den Geschäftsgeheimnissen, die den Betriebsgeheimnissen infolge fast gleicher gesetzlicher Regelung eng verschwistert sind, unterscheiden sich diese, wie die technischen Geheimnisse überhaupt, durch den Gegenstand, der sich auf den Produktionsprozeß, die industrielle Gütererzeugung bezieht. Sie lassen sich in verschiedene Stufen gliedern. Von dem gewöhnlichen technischen Geheimnis, das beispielsweise in einer nicht patentfähigen, von einem Gelehrten im Laboratorium erdachten Neuerung bestehen kann, heben sich das Betriebsgeheimnis und der Erfindungsbesitz ab. Diesem ist die zugrunde liegende patentfähige Erfindung wesentlich, jenem die Zugehörigkeit zu einem gewerblichen Betriebe. Gewöhnliches technisches Geheimnis und Erfindungsbesitz schließen einander je nach dem Grade des technischen Fortschritts aus, dem Betriebsgeheimnis dagegen liegt eines der beiden zugrunde. Während auf das gewöhnliche technische Geheimnis die oben entwickelten, für das Geheimnis im allgemeinen geltenden Normen allein und im vollen Umfange zur Anwendung gelangen, haben Betriebsgeheimnis und Erfindungsbesitz eine besondere gesetzliche Regelung, teils im UWG. und einzelnen Nebengesetzen, teils im PG. erfahren. Mit deren privatrechtlicher Seite und ihrem Verhältnis zur allgemeinen Geheimnislehre haben wir es im folgenden zu tun.

Das Betriebsgeheimnis.

§ 20.

Das **Betriebsgeheimnis** ist dasjenige technische Geheimnis, welches jemand als Inhaber eines gewerblichen Betriebes besitzt.

[1]) Vgl. über den Begriff der Vermögensbeschädigung RGSt. 42, 426; 51, 209.

Muß also der Geheimnisbesitzer notwendigerweise Betriebsinhaber sein, so ist doch andererseits keineswegs jedes Geheimnis des Betriebsinhabers ein Betriebsgeheimnis. Selbstverständlich rechnen seine sonstigen Privat-, Amts- oder Geschäftsgeheimnisse nicht hierzu, da es sich um ein technisches Geheimnis handeln soll. Aber auch ein solches kann er als Amtsgeheimnis besitzen in seiner Eigenschaft als Gewerbebeamter oder Sachverständiger, als Privatgeheimnis, wenn der Inhaber einer Schuhfabrik sich aus Liebhaberei in seinen Mußestunden mit aeronautischen Aufgaben und Lösungen beschäftigt. Zum Betriebsgeheimnis wird es erst dann, wenn es für seinen Gewerbebetrieb eine besondere Bedeutung hat, mit diesem im Zusammenhang steht, seine Offenbarung also auf den Betrieb eine Einwirkung ausüben würde[1]). Ob dieser Zusammenhang zwischen Betrieb und Geheimnis vorliegt, ist objektiv zu prüfen. Dadurch, daß der Betriebsinhaber gegenüber seinen Angestellten ein reines Privatgeheimnis zum Betriebsgeheimnis erklärt, wird es ebensowenig zu einem solchen[2]), als wenn er durch sonstige äußerliche Maßnahmen, z. B. Aufnahme des Geheimnisses in seine Geschäftsbücher, dies zu bewirken versucht[3]). Ein Betriebsgeheimnis liegt stets vor, sofern es in dem Betriebe zur Anwendung gelangt. Aber auch ohne dort stattgefundene Benutzung ist es gegeben, wenn es für den Betrieb gekauft worden ist, wenn es in dem Betriebe erfunden worden ist und unmittelbar oder durch Vermittlung eines Besitzdieners in den Besitz des Betriebsinhabers gelangt, oder wenn schließlich sein Ankauf und seine Weiterveräußerung Gegenstand des Unternehmens sind. Das Geheimnis ruht also sachlich in der Eigenart des Betriebes. Betreibt jemand zwei verschiedenartige Unternehmen, z. B. eine Schraubenfabrik und eine von der Schwester geerbte Lichtbildanstalt, so kann er die für das eine bestehende Geheimnis auf das andere ebensowenig übertragen, wie er bezüglich der Maschinen oder Geräte hierzu in der Lage wäre, solange das eine die Fabrik, das andere die photographische Werkstatt bleiben soll. Aber es darf auch anderseits nicht verkannt werden, daß nicht etwa der Betrieb selbst die Geheimnisse besitzt, sondern nur sein Inhaber. Denn es handelt sich wie bei jedem Geheimnis um Kennt-

[1]) Rosenthal § 17 Nr. 11.
[2]) RG. JW. 06, 497 Nr. 51.
[3]) RGSt. 29, 431.

nisse, die letzten Endes lediglich der Person zukommen können. Sofern die Wissensmacht nur in Angestellten besteht, ist festzustellen, ob diese selbständige Geheimnisbesitzer oder Besitzdiener sind; nur wenn letzteres der Fall ist, liegt ein Betriebsgeheimnis vor.

Der Begriff des Betriebsgeheimnisses geht über den des rein technischen Geheimnisses hinaus. Schon oben[1]) wurde darauf hingewiesen, daß ein im Konversationslexikon beschriebenes, im übrigen aber fast in Vergessenheit geratenes Verfahren offenkundig ist und daher kein technisches Geheimnis bilden kann. Dennoch kann die Tatsache, daß es in einem bestimmten Betriebe zur Anwendung gelangt, geheim sein und daher Gegenstand eines Betriebsgeheimnisses bilden. Nach welchem Verfahren die besonders gesuchten Erzeugnisse einer Fabrik hergestellt werden, mag ein wichtiges Betriebsgeheimnis sein, auch wenn dies Verfahren bekannt ist, sofern daneben noch andere Möglichkeiten der Erzeugung bestehen[2]). Immerhin spielen diese Fälle keine besondere Rolle.

§ 21.

Im Gegensatz zum gewöhnlichen technischen Geheimnis ist das Betriebsgeheimnis gesetzlich durch das UWG. und einige Strafnormen[3]) besonders geschützt. Die einschlägigen §§ 17, 18, 20 UWG. betreffen allerdings zunächst den uns an sich nicht interessierenden strafrechtlichen Schutz. Nur § 19 bestimmt ausdrücklich die Schadensersatzpflicht des Verletzers; da diese aber bereits aus den §§ 823 II, 830, 840 BGB. folgt, erscheint er überflüssig und gesetzestechnisch verfehlt[4]). Immerhin sind infolge der Verweisung des § 19 auf die §§ 17, 18 oder die des § 823 II BGB. auf die in diesen Strafnormen zugunsten des Betriebsinhabers enthaltenen Schutzgesetze[5]) mittelbar in ihnen zugleich die Voraussetzungen gegeben, unter welchen die privatrechtliche Schadensersatzpflicht stets eintritt. Es fragt sich, ob und inwieweit dieser zivilistische Schutz über den des gewöhnlichen technischen Geheimnisses hinausreicht. Hierzu bedarf es eines kurzen Eingehens auf die einzelnen Fälle:

---

[1]) Vgl. § 5 S. 19.

[2]) RG. in JW. 06, 496 Nr. 50; in MuW. XI, 541.

[3]) Vgl. z. B. die hier im übrigen nicht interessierenden §§ 21a, 145a GewO.; 142, 880, 882, 1038 RVO.

[4]) Vgl. Rosenthal § 19 Nr. 1.

[5]) RG. in JW. 05, 174 Nr. 15.

1. § 17 I bedroht den Angestellten, Arbeiter oder Lehrling eines Geschäftsbetriebes mit Strafe und gemäß §§ 19 UWG., 823 II BGB. mit Schadensersatzpflicht, der „Betriebsgeheimnisse, die ihm vermöge des Dienstverhältnisses anvertraut oder sonst zugänglich geworden sind, während der Geltungsdauer des Dienstverhältnisses unbefugt an andere zu Zwecken des Wettbewerbs oder in der Absicht, dem Inhaber des Geschäftsbetriebs Schaden zuzufügen, mitteilt". Sämtliche von dieser Vorschrift betroffenen Personen (Angestellte, Arbeiter und Lehrlinge) sind dem Betriebsinhaber durch Arbeitsvertrag verbunden; die unter Strafe gestellte Handlung enthält stets eine Vertragsverletzung. Eines Zurückgehens auf die im § 19 UWG. ausdrücklich und im § 823 II BGB. mittelbar gegebene Schadensersatzklage bedarf es um so weniger, als die Vertragsklage in ihrem Anwendungsgebiet erheblich weiter reicht. § 17 erfordert vom Täter Vorsatz, § 19, der auf ihn verweist, desgleichen oder zum mindesten grobe Fahrlässigkeit[1]). Für die auf Schadensersatz gerichtete Vertragsklage genügt jedes Verschulden. § 17 setzt voraus, daß die Mitteilung zu Zwecken des Wettbewerbs oder in schädigender Absicht erfolgt; für die Vertragsklage genügt, daß sie unbefugt und fahrlässig geschieht. Der Deliktsanspruch verjährt nach § 21 UWG. in 6 Monaten, nach dem aber daneben stets zur Anwendung[2]) gelangenden §§ 823 II, 852 BGB. in 3 Jahren, der Vertragsanspruch in 30 Jahren. Das Betriebsgeheimnis genießt daher insoweit keinen über das gewöhnliche Geheimnis, das ja auch vielfach vertraglich gesichert ist, hinausreichenden privatrechtlichen Schutz. Wichtig ist vielmehr die negative Feststellung, daß der Delikts- wie der Vertragsanspruch nur aus solchen Handlungen des Dienstverpflichteten entspringen, die während der Geltungsdauer des Dienstverhältnisses vorgenommen werden. Nach seiner Beendigung kann der Angestellte das Betriebsgeheimnis unbeschränkt verwerten, sofern ihm nicht durch Vertrag auch für die Zeit nach Dienstablauf eine Schweigepflicht besonders auferlegt ist oder im Einzelfalle die Verletzung des Geheimnisses eine sittenwidrige Schädigung des Betriebsinhabers (§§ 826 BGB., 1 UWG.) darstellen würde.

---

[1]) Streitig; vgl. Nachweise bei Rosenthal § 19 Nr. 6.

[2]) RGZ. 74, 436 = JW. 1911, 229 in Erledigung einer alten Streitfrage.

2. § 18 droht die gleichen Folgen wie § 17 demjenigen an, der „die ihm im geschäftlichen Verkehr anvertrauten Vorlagen oder Vorschriften technischer Art, insbesondere Zeichnungen, Modelle, Schablonen, Schnitte, Rezepte zu Zwecken des Wettbewerbs unbefugt verwertet oder an andere mitteilt". Für die Regel der Fälle wird auch hier ein Vertragsverhältnis gegeben sein und daher die Vertragsklage ausreichen; denn man pflegt im geschäftlichen Verkehr im allgemeinen Vorlagen nur seinen Kunden und Lieferanten anzuvertrauen, bei denen eine vertragliche Bindung besteht. Aber es kommen auch andere Fälle vor[1]). Bei Abgabe der Offerte werden beispielsweise die Vorlagen oder Muster übersandt, der Vertrag kommt jedoch nicht zustande; oder er wird zwar abgeschlossen, nachträglich indessen wirksam angefochten. Oder es handelt sich um Gefälligkeiten, denen ein rechtsgeschäftlicher Charakter abgeht. Schließlich mag zwar mit dem Lieferanten oder Kunden ein Vertragsverhältnis bestehen, aber nicht von diesem, sondern von seinem Angestellten geht die unbefugte Verwertung aus. Dann mag dessen vertraglich verpflichteter Dienstherr auf Grund von BGB. § 278 haften, gemäß §§ 18, 19 UWG., 823 II BGB. würde sich der Schadensersatzanspruch aber auch gegen den außerhalb des Vertrages stehenden Angestellten richten[2]). Kommt in all diesen Fällen eine Vertragsklage nicht in Betracht, so ist ein Bedürfnis nach den oben genannten Vorschriften für das Privatrecht gleichwohl zu verneinen, da man sich fast stets mit §§ 826 BGB., 1 UWG. behelfen kann. Die besonderen Strafnormen des UWG. sind ja um deswillen gegeben, weil unser Rechtsbewußtsein das in ihnen mit Strafe bedrohte Verhalten als grob unsittlich empfindet. Daher greifen die zivilen Folgen sittenwidriger Schädigung in der Regel ohne weiteres Platz und der privatrechtliche Wert der Sonderbestimmungen des UWG. ist gegenüber der allgemeinen Klausel des § 1 nur gering.

3. Diese Erwägung trifft auch auf § 17 Abs. 2 zu, der denjenigen mit Strafe und Schadensersatzpflicht bedroht, welcher „Betriebsgeheimnisse, deren Kenntnis er durch eine der im Abs. 1 bezeichneten Mitteilungen oder durch eine gegen das Gesetz oder die

[1]) Wertheimer, MuW. IX, 79; LZ. 1910, 731; GRuII. 1910, 244; Alsberg, LZ. 1910, 112; Chr. Finger § 18 Nr. 8; Fuld § 18 Nr. II a.

[2]) Vgl. Wertheimer, LZ. 1910, 731; Rosenthal § 18 Nr. 5.

guten Sitten verstoßende eigene Handlung erlangt hat, zu Zwecken des Wettbewerbs unbefugt verwertet oder an andere mitteilt". Die Vertragsklage scheidet hier meist aus, da entweder außerhalb eines Vertrages stehende Dritte als Täter in Frage kommen oder Angestellte nach Lösung des Dienstverhältnisses; die während dessen Dauer erfolgende Tat des Angestellten fällt in der Regel unter § 17 Abs. 1, da das RG. die in der Dienstzeit gewonnene Kenntnis auch dann für „vermöge des Dienstverhältnisses zugänglich" erachtet, sofern sie durch unbefugte Mitteilung eines Mitangestellten oder durch gesetz- oder sittenwidrige eigene Handlung erlangt ist[1]). Fast sämtliche vom Absatz II umfaßten Fälle werden indessen durch die allgemeinen zivilen Rechtsbehelfe gegen unerlaubte Handlungen gedeckt. Soweit bereits die Kenntnisnahme gesetz- oder sittenwidrig ist, sind gegen die unbefugte Verwertung und Weitergabe stets § 823 II in Verbindung mit einem sonstigen Schutzgesetze oder § 1 UWG. gegeben. Daß sich in letzterem Paragraphen die Worte „im geschäftlichen Verkehr" finden, die in § 17 II fehlen, begründet praktisch kaum einen Unterschied. Auch die erste Alternative, die unbefugte Verwertung von Betriebsgeheimnissen, die man durch Vertrauensbruch eines Angestellten (§ 17 I) erlangt hat, fällt jedenfalls dann unter die Generalklausel des § 1, wenn sie vorsätzlich geschieht. Sollte man allerdings mit einer Anzahl Schriftsteller[2]) die privatrechtliche Schadensersatzpflicht schon bei grober Fahrlässigkeit des Täters für begründet ansehen, so würde dies über den § 1 UWG. hinausgehen. Erwirbt ein Fabrikant von einem Chemiker ein Geheimverfahren und nimmt dies in seiner Fabrik in Benutzung, so verstößt seine Handlungsweise gegen die guten Sitten, wenn er weiß, daß der Verkäufer im Dienste eines Konkurrenten steht und diesem das Verfahren entwendet hat. Ist ihm dies dagegen unbekannt, hält er irrigerweise den Angestellten für einen freien Erfinder, so fehlt es an der Sittenwidrigkeit, mag auch die Unkenntnis des Fabrikanten auf grober Fahrlässigkeit beruhen. Die Ansicht, daß in einem solchen Falle wegen der grobfahrlässigen Unkenntnis voller Schadensersatz zu leisten ist, erscheint im Ergebnis überaus

[1]) RGSt. 33, 356 nicht ganz unbedenklich, da Zugänglichkeit in der Regel die auf normalem Wege bestehende Kenntnismöglichkeit ist; vgl. oben § 4 S. 14.

[2]) Vgl. Nachweise bei Rosenthal § 19 Nr. 6.

bedenklich; man setze nur den Fall, daß die Benutzung in der Fabrik des Erwerbers offenkundig erfolgt und dadurch das Betriebsgeheimnis des Bestohlenen vernichtet wird, diesem also unter Umständen ein sehr erheblicher Schaden erwächst. Eine solche Rechtsauffassung stände auch im Widerspruch zum Wortlaute des § 19, der „außerdem", also neben der Strafe die Schadensersatzfolge ausspricht. Es müssen daher für diese sämtliche Voraussetzungen der Strafbarkeit, insbesondere der Vorsatz und nicht nur grobe Fahrlässigkeit gegeben sein. Alsdann ist eine über die allgemeinen zivilen Rechtsbehelfe gegen unerlaubte Handlungen hinausgehende Ersatzpflicht in § 17 II nicht gegeben.

In diesem Zusammenhange bedarf der Erwähnung die Rechtsprechung, die darüber ergangen ist, unter welchen Voraussetzungen der entlassene Angestellte die ihm bekannt gewordenen Betriebsgeheimnisse verwerten darf. Aus § 17 I folgt per argumentum e contrario daß der Dienstverpflichtete nach seiner Entlassung grundsätzlich zur unbeschränkten Verwertung seiner gewonnenen und erlernten Kenntnisse und daher auch zur Weitergabe der ihm bekannt gewordenen Betriebsgeheimnisse befugt ist. Dieser Grundsatz, der seitens des Staatssekretärs des Innern bei der Begründung des Gesetzentwurfs[1]) scharf betont und seitens des RG.[2]) auch als Regel aufgenommen worden ist, hat indessen eine Einschränkung[3]) erfahren durch die Auslegung, die die Strafsenate des RG.[4]) dem § 17 II zuteil werden lassen. Danach ist jede Verwertung von Betriebsgeheimnissen seitens des ausgeschiedenen Angestellten ausgeschlossen, sofern er während Geltung des Dienstverhältnisses sich die Geheimnisse aufgeschrieben oder in ein Skizzenbuch eingetragen hatte, weil ihm die gedächtnismäßige Einprägung für die Zukunft zu schwer fiel. Eine solche Aufzeichnung zum Zwecke späterer Verwertung sieht das RG. als sittenwidrige Kenntniserlangung an, obwohl doch eigentlich die spätere Verwertung an sich ebenso zulässig ist wie die gegenwärtige Aufzeichnung. Dadurch wird die

[1]) Reichstagssitzung 13. XI. 1895 bei Lobe, Der unlautere Wettbewerb III, 91 ff.

[2]) RGZ. 65, 336 ff., 338.

[3]) Weitere Einschränkungen bei Kohler, Unl. Wettb. S. 265 ff.

[4]) RGSt. 33, 62; 48, 12 ff.; 51, 184; vgl. auch RGZ. in MuW. XII, 405, 406.

Rechtmäßigkeit der späteren Verwertung von Betriebsgeheimnissen erheblich eingeschränkt; denn die Versuchung, sich schriftliche Aufzeichnungen zu machen, ist ebenso naheliegend, wie die rein gedächtnismäßige Bewahrung häufig schwierig sein mag.

4. Schließlich bedarf noch die letzte Schutzvorschrift für Betriebsgeheimnisse der Erwähnung: „Wer zu Zwecken des Wettbewerbes es unternimmt, einen anderen zu einer Zuwiderhandlung gegen die Vorschriften des § 17 Abs. I, § 18 zu bestimmen, wird . . . bestraft" (§ 20 UWG.). Diese Vorschrift betrifft nur den erfolglosen Versuch; denn sollte sich der andere zu der Zuwiderhandlung bestimmen lassen, so wäre die Verleitung als Anstiftung nach dem § 17 und § 18 strafbar und zum Ersatze verpflichtend. Da aus dem erfolglosen Unternehmen dem Betriebsinhaber ein Schaden in der Regel nicht erwachsen wird, greift der Schadensersatzanspruch im allgemeinen nicht Platz; deshalb ist § 20 auch im § 19 nicht miterwähnt. Sollte im besonderen Falle ein Schaden doch entstanden sein, so ist die Ersatzpflicht ohne weiteres bereits durch §§ 826 BGB., 1 UWG. begründet[1]).

§ 22.

Decken sich somit die Schutzvoraussetzungen des Betriebsgeheimnisses, die das UWG. gewährt, mit denen des Geheimnisses im allgemeinen, so gilt gleiches für die zivilrechtlichen Folgen. Neben dem Schadensersatzanspruch steht die Unterlassungsklage. Kann sie in dem Falle des § 17 I UWG. auch nicht aus dem Arbeitsvertrage als gewöhnliche Leistungsklage begründet werden, weil die Unterlassung positiver Vertragsverletzungen nicht mehr zum Leistungsinhalte im Sinne des § 241 BGB. gehört[2]), so ist sie doch in allen besprochenen Fällen durch § 1 UWG. ausdrücklich gewährleistet. Ebenso sind, soweit es sich um die wirtschaftliche Ausnutzung des Betriebsgeheimnisses seitens des Verletzers handelt, gegen ihn die Klagen aus unechter Geschäftsführung (§ 687 II BGB.) und ungerechtfertigter Bereicherung (§ 812) mit ihren Hilfsansprüchen gegeben.

Es könnte demnach fast scheinen, als ob die §§ 17—20 UWG. nur eine strafrechtliche und prozessuale (Gerichtsstand §§ 24, 27, einstweilige Verfügung § 25) Bedeutung hätten und ihnen eine

[1]) Ebenso Fuld § 20, IX. [2]) RGRäte § 241 Nr. 2.

privatrechtliche überhaupt nicht zukäme. Dies wäre indessen übertrieben. Zunächst ist der Umstand, daß man aus dem Vorhandensein der Schutzgesetze §§ 17—20 UWG. in Verbindung mit § 823 II BGB. die Ansprüche begründen kann, für die Verjährung von Bedeutung. Während die Klagen aus dem UWG. gemäß § 21 in 6 Monaten verjähren, kann der Verletzte aus §§ 823 II, 852 BGB. die ihm günstigere dreijährige Verjährung herleiten. Allerdings trifft das unstreitig nur für den Schadensersatzanspruch zu. Denn eine auf § 823 II gestützte vorbeugende Unterlassungsklage würde die erwähnte[1]) Rechtsprechung des RG. nicht zulassen, weil durch das Bestehen der Strafnormen §§ 17—20 das Rechtsschutzbedürfnis insoweit befriedigt sein soll. Neben der Verjährung ist weiter zu beachten, daß das Betriebsgeheimnis durch den Schutz, den es in den §§ 17—20 UWG. findet, zu einem besonders geschützten Bestandteil des eingerichteten und ausgeübten Gewerbebetriebes wird. Diesen hat das RG., obwohl es im übrigen einem allgemeinen Persönlichkeitsrechte die Anerkennung versagt hat, in ständiger Rechtsprechung[2]) als bereits verkörperten Willen scharf der bloßen Freiheit zur wirtschaftlichen und gewerblichen Willensbetätigung gegenübergestellt und zu den „sonstigen Rechten" im Sinne des § 823 I BGB. gerechnet. Es ist daher zu prüfen, ob eine Verletzung des Betriebsgeheimnisses etwa schon deshalb gegen den § 823 I BGB. verstößt, weil dieses zu dem geschützten Gewerbebetriebe gehört und im UWG. besondere gesetzliche Anerkennung gefunden hat. Die Folgen wären überaus weittragend. Während nach dem bisher Festgestellten der Verletzer des Betriebsgeheimnisses Ersatz nur zu leisten hat, sofern sein Eingriff norm- oder sittenwidrig erfolgt ist und ihm Vorsatz oder doch mindestens grobe Fahrlässigkeit zur Last fällt, könnte er nach § 823 I bereits bei jeder Verletzung und nur leichter Fahrlässigkeit in Anspruch genommen werden. Diese in der Literatur gelegentlich vertretene Auffassung[3]) ist indessen abzulehnen. Ihr steht zunächst § 19 UWG. entgegen. Er wäre dann nicht nur überflüssig, sondern widersinnig, wenn er die Schadensersatzpflicht nur bei wissentlicher Verletzung des Geheimnisses anordnet[4]), obwohl sie gemäß § 823 I schon bei leichter Fahr-

[1]) Vgl. oben § 12 S. 39.

[2]) Vgl. Nachweise in RGRäte § 823 Nr. 9 und bei Salinger in Gruchot 62, 289 ff.

[3]) Chr. Finger § 19 Nr. 3.

[4]) Vgl. oben § 21 S. 61.

lässigkeit einträte. Ferner widerspricht dieser Ansicht der Grundgedanke des § 17 I, daß der Angestellte nach Beendigung des Dienstverhältnisses zur Verwertung und auch Offenbarung des Betriebsgeheimnisses an sich befugt ist. Ein Dritter, dem Betriebe Fernstehender sollte aber bei leicht fahrlässigem Eingriff schon ersatzpflichtig werden? Diese Ausdehnung des § 823 I auf den Schutz des Betriebsgeheimnisses würde auch weit über das Maß hinausgehen, in welchem das RG. dem eingerichteten und ausgeübten Gewerbebetriebe die Rechtsnatur zugestanden hat. Seine Verletzung ist nur dann angenommen worden, wenn der Eingriff sich unmittelbar[1]) gegen seinen Bestand richtet, vor allem also Bedrohung, Boykott und Sabotage in Frage kommen. Die Verletzung von Betriebsgeheimnissen kann in der Regel hierzu ebensowenig gerechnet werden, wie sonstige Erwerbsaussichten und Geschäftsgeheimnisse als durch § 823 I geschützt gelten.

Das Betriebsgeheimnis kann auch nicht etwa als selbständiges Recht im Sinne des § 823 I angesprochen werden[2]). Vielmehr ist das einzige an ihm bestehende Herrschaftsverhältnis der Geheimnisbesitz. Der in den §§ 17—20 UWG. enthaltene straf- und privatrechtliche Schutz steht dem Geheimnisbesitzer als solchem zu, vorausgesetzt nur, daß er zugleich der Betriebsinhaber ist. Auf die Rechtmäßigkeit seines Geheimnisbesitzes kommt es im übrigen nicht an. Auch der unberechtigte Geheimnisbesitzer, der Dieb, wird gegen die Verletzung seitens eines Dritten geschützt. Erlangt B. durch eine der in § 17 I bezeichneten Mitteilungen von einem Betriebsgeheimnis des A. Kenntnis und nimmt dies wissentlich und unberechtigt in seinem Betriebe in Benutzung, so genießt er den Schutz des § 17 für das sich zugeeignete Betriebsgeheimnis, sofern nun der C. ihm gegenüber die gleiche unlautere Handlung begeht. Es gilt somit vom Betriebsgeheimnis das vom Geheimnis im allgemeinen bereits Festgestellte: es gibt kein absolutes Recht am Betriebsgeheimnis, dessen Bestand sich vom Geheimnisbesitz trennen ließe, sondern dieser ist die einzige, rechtlich geschützte Beziehung zwischen dem Betriebsgeheimnis und seinem Träger.

---

[1]) RG. Warneyer 09 Nr. 505; Z. 73, 112; 79, 226; 95, 340; JW. 1917, 712 f.

[2]) Vgl. Oertmann 3. u. 4. Aufl. 1910 § 823 Nr. 3 k gegen Damme, Patentrecht S. 204.

Die patentfähige Erfindung bis zu ihrer Anmeldung[1]).

§ 23.

Die höchste Stufe des technischen Geheimnisses bildet die patentfähige[2]) Erfindung bis zur Anmeldung. Während der Begriff der Erfindung in der patentrechtlichen Literatur geklärt ist und als feststehend vorausgesetzt werden darf, ist ihr Geheimnischarakter bestritten und bedarf daher der Begründung. Es ist zunächst zu prüfen, ob die Wesensmerkmale jedes Geheimnisses: „Kenntnisse, deren Gegenstand weder offenkundig ist noch werden soll" auch bezüglich der patentwürdigen, nicht angemeldeten Erfindung gegeben sind.

Wie bei der Kenntnis im allgemeinen, so handelt es sich bei der Erfindung zunächst um einen Gedankeninhalt. Sie ist etwas rein Geistiges, eine Idee, eine Wissensmacht des menschlichen Verstandes. Betrifft sie einen körperlichen Gegenstand, ein Modell, so ist sie diesem doch nicht gleichzusetzen[3]). Sie wird zwar durch ihn dargestellt, aber nicht erschöpft. Was schutzwürdig ist, ist die Anordnung, die technologische Idee, die in mannigfacher Form, in größerem und geringerem Umfange ausgeführt werden kann. Als Kenntnis des menschlichen Geistes ist sie unabhängig vom körperlichen Substrat[4]); die erfundene Maschine geht unter, der Bestand der Erfindung wird dadurch nicht berührt. Noch deutlicher tritt dies bei der chemischen Erfindung in die Erscheinung; der einzelne Stoff ist nach deutschem Rechte um deswillen keine patentfähige Erfindung, weil er entweder in der Natur vorhanden ist oder doch in der Natur vorhanden sein könnte[5]). Dann käme ein Gedanken-

[1]) Die folgenden Erörterungen beziehen sich lediglich auf das geltende Recht, nicht auf den vorläufigen Entwurf des Patentgesetzes.

[2]) Eine Zwischenstufe bildet die gebrauchsmusterfähige Erfindung bis zur Anmeldung. Für sie gelten bis auf wenige unbedeutende Ausnahmen die Grundsätze der nicht angemeldeten patentfähigen Erfindung. Eine besondere Darstellung ist um so weniger vonnöten, als Modellfähigkeit (§ 1 I GMG.) verlangt wird und es daher musterfähige Geheimverfahren nicht gibt. Die chemische Industrie, in der die Geheimverfahren eine besondere Rolle spielen, hat es deshalb, soweit Erfindungen in Frage kommen, nur mit patentwürdigen, nicht aber mit musterfähigen Erfindungen zu tun.

[3]) Vgl. Kohler S. 84, 85; Seligsohn § 1 Nr. 8.

[4]) Vgl. Schanze, Industr. Abhandlungen I S. 281—283.

[5]) Vgl. Kohler aaO.

inhalt gar nicht in Frage. Daher kann die chemische Erfindung nur ein bestimmtes Verfahren zur Herstellung der Gegenstände betreffen, das als Kenntnis zeitlicher Aufeinanderfolge ebenso unabhängig ist von dem jeweils erzeugten Stoffe wie von den dabei angewandten Produktionsmitteln. Abhängig ist die Erfindung als Kenntnis des Verstandes dagegen vom Schicksal seines menschlichen Trägers. Ist nur einer vorhanden, so erlischt sie mit seinem Tode, falls sie nicht vorher irgendeine Verkörperung durch die allgemeinen Ausdrucksmittel des menschlichen Gedankens gefunden hat. Der Umstand, daß die jedem Geheimnis zugrunde liegenden Kenntnisse mittels der Sprache voll erfaßt und übertragen werden können, tritt bei der patentwürdigen Erfindung besonders klar hervor; denn ihr Gegenstand, der als patentfähig unter Schutz gestellt werden soll, muß im „Patentanspruch" erschöpfend durch Worte ausgedrückt werden.

§ 24.

Die Offenkundigkeit hat mit dem Wesen der Erfindung an sich nichts zu tun[1]). Ob Offenkundigkeit bezüglich der technischen Kenntnis vorliegt oder fehlt, läßt die Erfindung als geistige Schöpfungstat unberührt. Als Watts Dampfmaschine noch unbekannt in der Boultonschen Werkstatt aufgestellt war, bildete sie gerade so den Gegenstand der Erfindung wie heute, wo sie das Schulkind lernt; an der technischen Leistung, der schöpferischen Geistestätigkeit des Erfinders hat das inzwischen erfolgte Bekanntwerden nichts geändert. Solch offenkundige Erfindungen sind aber nicht schutzfähig; Patente werden nur für neue Erfindungen erteilt (§ 1 PG.). „Eine Erfindung gilt nicht als neu, wenn sie zur Zeit der auf Grund dieses Gesetzes erfolgten Anmeldung in öffentlichen Druckschriften aus den letzten 100 Jahren bereits derart beschrieben oder im Inlande bereits so offenkundig benutzt ist, daß danach die Benutzung durch andere Sachverständige möglich erscheint" (§ 2 I PG.). Dieser Mangel der Neuheit entspricht dem, was in der Lehre vom Geheimnis Offenkundigkeit genannt wurde. Wie diese das Vorliegen eines Geheimnisses ausschloß, ihr Eintritt seinen Bestand vernichtete, so besteht beim Fehlen der Neuheit keine schutzwürdige Erfindung. Mit ihrem Verlust erlischt die Patentfähigkeit. Da

[1]) Vgl. Kohler, Lehrbuch des Patentrechts S. 69f.

dieser Verlust durch die im Patenterteilungsverfahren erfolgende Bekanntmachung in der Regel[1]) bewirkt wird, müssen daher spätestens mit dieser die gesetzlichen Wirkungen des Patents eintreten (§ 23 I PG.). Allerdings darf der Mangel der Neuheit der oben in § 4 definierten Offenkundigkeit nicht einfach gleichgesetzt werden. Die genaue Bestimmung der Neuheitsschädlichkeit im § 2 PG. verändert vielmehr den allgemeinen Begriff der Offenkundigkeit, ohne daß aber deshalb an der Wesensgleichheit beider Kategorien gezweifelt werden darf[2]). Denn in der weitaus überwiegenden Mehrzahl der Fälle werden die nicht als neu geltenden Erfindungen offenkundig im allgemeinen Sinne sein und die offenkundigen nicht als neu im Sinne des PG. angesehen werden können. Offenkundigkeit ist die Kenntnis oder die bekannte, auf normalem Wege bestehende Möglichkeit der Kenntnisnahme (Zugänglichkeit) seitens sämtlicher Interessenten. Die Art des Weges, auf welchem die Kenntnis gewonnen ist oder gewonnen werden kann, ist wegen ihrer unendlichen Mannigfaltigkeit in dieser Begriffsbestimmung nicht enthalten. Im § 2 des PG. sind dagegen die zwei Hauptwege zur Verbreitung einer Erfindung angegeben. Diese kann nur, wie jede Kenntnis, in sprachlicher, bildlicher oder körperlicher Darstellung ausgedrückt oder durch Anwendung betätigt werden. Soweit sprachliche und bildhafte Ausdrucksmittel in Frage kommen, so wird die Kenntnis oder die Möglichkeit der Kenntnisnahme für sämtliche Interessenten (Offenkundigkeit) nur begründet sein, wenn die Beschreibungen oder Abbildungen sich in öffentlichen Druckschriften aus den letzten 100 Jahren finden. Denn bei der heutigen Ausdehnung und Verbreitung des Buchdrucks suchen Wissen und Kenntnis sich einerseits regelmäßig Ausdruck in öffentlichen Druckschriften, vor allem in der Tagespresse zu verschaffen, und anderseits werden die sämtlichen Interessenten schwerlich Kenntnisse erwerben können, die nicht in

[1]) Wenn auch vielleicht nicht durch die Bekanntmachung an sich (vgl. Nachweise bei Kent § 2 Nr. 36, Seligsohn § 2 Nr. 11, Isay § 2 Nr. 5), so doch durch möglich gewordene offenkundige Benutzung oder öffentlichen Nachdruck. Ein etwa an der Erfindung bestehendes Betriebsgeheimnis erlischt mit der Bekanntmachung. RGSt. in MuW. X, 281; Kohler, Unl. Wettb. 259; Chr. Finger § 17 Nr. 4g.

[2]) Grundsätzlich abweichend Dunkhase, Das Erfinderrecht nach dem PG. 25; GRull. 1907, 215.

öffentlichen Druckschriften enthalten sind. Die im PG. erfolgte Begrenzung der beachtlichen Druckschriften auf die letzten 100 Jahre ist selbstverständlich und ist praktisch nicht von Belang[1]); denn was im letzten Jahrhundert nicht nachgedruckt worden ist, kann nicht mehr als für weitere Kreise zugänglich und daher als offenkundig gelten. Wird die Erfindung nicht durch Worte oder Zeichnung zum Ausdruck gebracht, sondern nur im Modell verkörpert, im Verfahren angewandt, so wird die Möglichkeit allgemeiner Kenntnisnahme erst mit häufiger Wiederholung gegeben sein. Da der Erfindung wie dem technischen Geheimnis überhaupt die gewerbliche Verwertbarkeit wesentlich ist[2]), so wird diese Wiederholung durch Benutzung der erfundenen Maschinen und des erfundenen Verfahrens Platz greifen. Daher ist die Benutzung im § 2 I PG. als zweiter Weg zur Offenkundigkeit besonders hervorgehoben. Da nur die offenkundige Benutzung neuheitsschädlich ist, wobei „offenkundig" in dem allgemeinen, dargelegten Sinne verstanden werden muß, tritt hier die Übereinstimmung zwischen Offenkundigkeit und Neuheitsschädlichkeit und damit der Geheimcharakter der patentfähigen Erfindung deutlich zutage.

Als weiteres Erfordernis für die Neuheitsschädlichkeit verlangt § 2 I a. E., die Beschreibung oder Benutzung muß derart sein, daß danach die Benutzung durch andere Sachverständige möglich erscheint. Hierdurch wird der Grad derjenigen Kenntnis näher bestimmt, deren Vorhandensein Offenkundigkeit bewirkt. Dieser ist auf die Benutzungsmöglichkeit abgestellt, weil der Erfindung die technische Regel für menschliches Tun innewohnt und dieses sich in der gewerblichen Benutzung äußert. Daß § 2 die Benutzungsmöglichkeit für Sachverständige erfordert, scheint zunächst eine Erweiterung der Neuheitsschädlichkeit oder Offenkundigkeit zu sein; die Patentfähigkeit entfällt bereits dann, sofern nur Sachverständige und nicht auch sonstige gewöhnliche Interessenten die in der Erfindung enthaltene Kenntnis sich zu eigen machen können. Eine solche Erweiterung der Offenkundigkeit ist indessen weder beabsichtigt noch gegeben. Da nämlich unter den „anderen Sachverständigen" solche

[1]) Sie fehlt im § 1 II GMG.

[1]) § 1: Nur „Erfindungen, welche eine gewerbliche Verwertung gestatten", sind patentfähig.

des betreffenden Industriezweiges[1]) verstanden werden müssen, und da die für die Erfindung vorhandenen Interessenten regelmäßig dem betreffenden Industriezweige angehören und sachverständig sind, so fallen beide Personengruppen im allgemeinen zusammen[2]).

Erscheinen Offenkundigkeit und Neuheitsschädlichkeit daher als zwei sich im großen und ganzen deckende Kreise, so hat doch jeder Begriff sein eigenes Segment, das vom Herrschaftskreise des anderen nicht umfaßt wird. Für die Neuheitsschädlichkeit ist dieses ausschließliche Gebiet sehr klein, etwas häufiger mögen Fälle der Offenkundigkeit vorkommen, die nicht neuheitsschädlich im Sinne des § 2 PG. sind. Neuheitsschädlich aber nicht offenkundig ist die Beschreibung der Erfindung in einer alten vergessenen Druckschrift, falls deren Erscheinen nur noch nicht über 100 Jahre zurückliegt. Aber selbst eine neue, öffentliche Druckschrift braucht nicht Offenkundigkeit zu bewirken, wenn ihr Leserkreis klein ist, zu den Interessenten keine Beziehung hat und die Beschreibung der Erfindung an einer wenig auffälligen Stelle geschieht[3]). Diese Möglichkeit läßt sich praktisch verwerten. Viele Erfinder scheuen, wie bereits in der Einleitung bemerkt, die Nachsuchung des Patents, da selbst im Falle seiner Erteilung durch die Bekanntmachung die Erfindung offenkundig und damit der Konkurrenz erst die Möglichkeit geboten wird, sie unter Umgehung und Verletzung des Patentes zu benutzen. Anderseits läuft der Erfinder bei Unterlassung der Anmeldung Gefahr, daß unabhängig von ihm ein anderer das Patent nachsucht, erhält und ihm die Verwertung seiner Erfindung untersagt; selbst wenn er die Erfindung bereits in Benutzung genommen oder die dazu erforderlichen Veranstaltungen getroffen hatte, steht ihm alsdann nur ein beschränktes Vorbenutzungsrecht zur Seite (§ 5 PG.). Um dieser Gefahr zu entgehen, könnte der Erfinder im Anzeigenteil eines ganz entlegenen Provinzblättchens in möglichst kleiner Schrift seine Erfindung veröffentlichen, wozu unter Umständen einige den Lesern unverständliche chemische Formeln genügen mögen. Offen-

---

[1]) Schanze, Patentr. Untersuchungen 116; Isay § 2 Nr. 10; Kent § 2 Nr. 193.

[2]) Im GMG. § 1 II wird nicht die Nachbenutzungsmöglichkeit durch Sachverständige verlangt, ohne daß dies einen materiellen Unterschied begründet; vgl. Isay § 1 Nr. 20; Seligsohn § 1 Nr. 11.

[3]) RGSt. 40, 407.

kundigkeit wird dadurch nicht bewirkt, weil den Interessenten die Zugangsmöglichkeit zu der Erfindung nicht bekannt ist[1]). Dennoch würde die Veröffentlichung genügen, um der Erfindung den Patentschutz zu entziehen (§ 2 I PG.). Der Erfinder besitzt alsdann ein Geheimverfahren, dem trotz des zugrunde liegenden technischen Fortschritts die Patentfähigkeit fehlt. Seiner eigenen späteren Anmeldung wird die Neuheitsschädlichkeit allerdings kaum nachteilig sein, weil außer ihm selbst niemand in der Lage ist, sie geltend zu machen.

Häufiger kommt vor, daß Offenkundigkeit vorliegt, ohne daß die Erfindung aufgehört hat, als „neu" zu gelten. Da § 2 PG. zwei Hauptfälle der Offenkundigkeit herausgreift, sind alle übrigen Möglichkeiten ihres Eintritts nicht genügend, um die Patentfähigkeit der Erfindung in Frage zu stellen. Denn § 2 führt nicht nur beispielshalber einige Fälle der Neuheitsschädlichkeit auf, sondern bestimmt diese erschöpfend in dem Sinne, daß jede nicht unter § 2 fallende Erfindung als neu und daher als schutzwürdig zu gelten hat. Dies ist heute gemeine Meinung. Die Veröffentlichung der Erfindung in einem vor den Interessenten gehaltenen Vortrage[2]), in Geschäftsanzeigen, die mit der Hand oder Schreibmaschine[3]) geschrieben sind, in Druckschriften, die nur einer bestimmten begrenzten Anzahl von Personen zugänglich gemacht werden[4]) und deshalb nicht öffentlich sind, bewirkt zwar vielfach Offenkundigkeit, schließt aber nach der positiven Regelung des § 2 die Neuheit nicht aus.

Auch nicht einmal jede Benutzung, die Offenkundigkeit der Erfindung herbeiführt, ist neuheitsschädlich. § 2 erfordert für die Neuheitsschädlichkeit, daß die Erfindung „offenkundig benutzt" wird. Offenkundigkeit war die Kenntnis oder die bekannte, auf normalem Wege bestehende Möglichkeit der Kenntnisnahme (Zugänglichkeit) seitens sämtlicher Interessenten[5]). Hier handelt es sich darum, welche Beziehung § 2 zwischen der Offenkundigkeit und der Benutzung voraussetzt. Zunächst ist neuheitsschädlich jede Benutzung, von der die Interessenten unmittelbar Kenntnis genommen haben oder doch Kenntnis nehmen können. Wenn Isay aber meint[6]), daß offenkundig im § 2 nur in diesem aktiven Sinne

[1]) Vgl. oben § 4 S. 17.
[2]) RG. im Bl. 03, 227.
[3]) Kohler, Handbuch S. 183.
[4]) PA. im Bl. 82, 37 = G. 3, 99.
[5]) Vgl. oben § 4 S. 18.
[6]) Isay § 2 Nr. 15.

(„offen Kunde gebend") zu verstehen ist, so erscheint dies zu eng. Denn nach dem oben Dargelegten kommt eine Benutzung, die sich jeder Interessent anschauen kann, soweit es sich um gewerbliche Betriebe handelt, im praktischen Leben kaum vor; die Fabrik ist nicht allgemein zugänglich, sie verliert kein Geheimnis. Anderseits wird die Erfindung aber noch nicht deshalb offenkundig benutzt, weil die Tatsache ihrer Benutzung offenkundig ist[1]). Wenn jemand durch Einsteigen sich von einer geheim benutzten Erfindung Kenntnis verschafft und diese in einem Vortrage[2]) veröffentlicht, so hört zwar vielleicht die Erfindung auf, ein Betriebsgeheimnis zu sein, weil sie offenkundig geworden ist; sie verliert aber nicht ihre Patentfähigkeit, weil die ursprünglich geheime Benutzung nicht durch die spätere Veröffentlichung im Vortrage nachträglich als offenkundige Benutzung angesehen werden kann[3]). Selbst eine weitere Benutzung tut der Patentwürdigkeit keinen Eintrag, sofern die Fabrik unzugänglich bleibt, der Vortrag nicht gedruckt wird und eine anderweitige offenkundige Benutzung nicht stattfindet. Gleiches gilt, wenn einem Professor der technischen Hochschule die Besichtigung der Fabrik gestattet wird und dieser unter Vertrauensbruch seinen Studenten von den dort angewandten Geheimerfindungen Kenntnis gibt; die zunächst erfolgende Benutzung ist nicht offenkundig und bei der danach eintretenden Offenkundigkeit fehlt es an der Benutzung[4]). Anders liegt der Fall, in welchem die Benutzung zwar nur mittelbar die Offenkundigkeit herbeiführt, diese aber auf normalem Wege nach dem gewöhnlichen Laufe der Dinge eintritt. Wird dem Professor die im übrigen unzugängliche Fabrik auf Wunsch gerade deshalb gezeigt, damit er seinen Studenten über das neu angewandte Verfahren Vortrag halten kann, so ist zwar die Benutzung als solche nicht unmittelbar offenkundig[5]), sondern die Offenkundigkeit tritt nur in der Person des Besuchers ein[6]), von

[1]) Dies behaupten Fricke in GRUll. 11, 230; Allfeld § 2 Nr. 7b aa. Zutreffend Schanze, Patentrechtliche Untersuchungen 73ff.

[2]) Nicht in öffentlicher Druckschrift.

[3]) Ebenso Schanze, Patentrechtliche Untersuchungen 112ff. Anders Kent § 2 Nr. 143 unter Nachweis der älteren Rechtsprechung.

[4]) Vgl. auch RG. 27. 11. 20 RGZ. 101, 38 = GRUll. 1921, 56f; Dunkhase, Die Neuheit der Erfindung nach Patent- und Gebrauchsmusterrecht S. 17f.

[5]) Vgl. oben § 4 S. 17. [6]) Vgl. oben § 15 S. 44.

welchem unmittelbar oder mittelbar die anderen Interessenten nunmehr Kenntnis erlangen können. Eine solche Benutzung der Erfindung, welche Offenkundigkeit nicht auf ungewöhnlichem, insbesondere verbotenem oder sittenwidrigem Wege herbeiführt, wird als offenkundig zu gelten haben[1]), wenn man nicht den § 2 I PG. über Gebühr einschränken will. Es sind selbst Fälle denkbar, in denen infolge der Benutzung die Offenkundigkeit nach dem gewöhnlichen Lauf der Dinge eintritt, obwohl ein Verbot übertreten, eine bestehende Geheimnispflicht verletzt wird. Dies wird gegeben sein, wenn in einem Betriebe dauernd wechselnde Tagelöhner[2]) an der Erfindung beschäftigt werden, auch wenn mit ihnen eine über die Entlassung hinausdauernde Schweigepflicht vereinbart wird. Denn bei dem Mangel an Auswahl und Interesse der Beschäftigten wird es regelmäßig nach der Entlassung zu einem oder mehreren Vertrauensbrüchen kommen. Unter solchen Umständen läßt sich die Annahme offenkundiger Vorbenutzung rechtfertigen.

Schließlich wäre für das Vorliegen der Offenkundigkeit bei fehlender Neuheitsschädlichkeit noch der mehr theoretische als praktische Fall zu erwähnen, daß durch offenkundige Benutzung einer Erfindung im Auslande diese im Inlande zwar offenkundig wird, aber hier eine Benutzung noch nicht stattgefunden hat. Auch dann würde die Erfindung zunächst schutzwürdig bleiben, da nicht die Offenkundigkeit, sondern die Benutzung im Inlande entscheidet.

In all diesen Fällen wird ausnahmsweise das Erfindungsgeheimnis durch die eingetretene Offenkundigkeit nicht berührt. Natürlich handelt es sich dabei meist nur um eine kurze Übergangszeit. Denn regelmäßig wird dem Eintritte der Offenkundigkeit die Veröffentlichung des Vortrages in der Presse oder die offenkundige Benutzung der Erfindung im Inlande bald nachfolgen, so daß die Erfindung damit auch ihre Neuheit und Patentfähigkeit einbüßt.

§ 25.

Da bis auf die bezeichneten Ausnahmen mit dem Eintritt der Offenkundigkeit die Erfindung ihre Neuheit und damit ihre Schutzwürdigkeit verliert, hat der Erfindungsbesitzer regelmäßig den Geheimhaltungswillen. Entsprechend der Bestimmung des

---

[1]) Vgl. auch Fricke aaO. 231.

[2]) Vgl. auch für Saisonarbeiter Zimmermann in Mitteilungen 1916, 54.

§ 2 PG. wird dieser nicht so sehr auf den Ausschluß der Offenkundigkeit im allgemeinen als den der Neuheitsschädlichkeit im besonderen gerichtet sein. Da er sich bei der Wichtigkeit des Gegenstandes von selbst versteht, braucht er nicht ausdrücklich erklärt zu werden; denn Verlust der Patentfähigkeit mindert das Vermögen des Erfindungsbesitzers. Möglich ist allerdings, daß jemand von einer neuen Erfindung Kenntnis erhält, aber so wenig an dieser interessiert ist, daß er sie nicht zu seinem Vermögen rechnet und daher auch einen besonderen Geheimhaltungswillen nicht hat. Dies ist aber nicht anders als beim gewöhulichen Geheimnis. Er wird nicht als Geheimnisbesitzer angesehen und vom Gesetz in der Regel nicht beachtet[1]), weil er mangels Interesses ja weder di: Erfindung anmelden noch sonst irgendwelche Rechte aus seiner Kenntnis herleiten wird. Wer solches aber zu tun beabsichtigt, seine neue technische Kenntnis als Erfindung besitzt, dem wird bis zur Anmeldung der Geheimhaltungswille nicht fehlen.

§ 26.

Somit sind die drei Wesensmerkmale des Geheimnisses (Kenntnis, Mangel der Offenkundigkeit, Geheimhaltungswille) bezüglich der patentfähigen Erfindung, wenn auch mit einigen Abweichungen, gegeben. Die allgemeinen Regeln für das Geheimnis finden daher auf die schutzwürdige, aber noch nicht patentierte Erfindung Anwendung. Dies gilt vor allem für die Lehre vom Geheimnisbesitz.

Daß an der Erfindung ein Besitz möglich ist[2]), versteht sich von selbst, sobald man sie als Geheimnis ansieht. Bedeutung gewinnt dies aber erst durch den Umstand, daß das PG. den Erfindungsbesitz als Grundlage für seine Regelung der nicht angemeldeten Erfindung genommen hat. Das PG. erwähnt die schutzwürdige Erfindung bis zur Anmeldung an vier Stellen[3]): Nach § 3 Abs. 1 hat auf die Erteilung des Patents derjenige Anspruch, welcher die Erfindung zuerst anmeldet. Ist der wesentliche Inhalt seiner Anmeldung den Beschreibungen, Zeichnungen, Modellen, Gerätschaften

[1]) Sofern nicht wegen des fehlenden Willens in seiner Person Offenkundigkeit eintritt.

[2]) Vgl. über den Besitzesinhalt Stern-Oppenheimer, Einl. Nr. 8.

[3]) Vgl. zum folgenden Isay, Anh. Nr. 1 ff.

oder Einrichtungen eines anderen oder einem von diesem angewendeten Verfahren ohne Einwilligung desselben entnommen, so hat dieser das Recht, gegen die Anmeldung Einspruch einzulegen (§§ 3 II, 24 II) oder gegen das bereits erteilte Patent die Nichtigkeitsklage zu erheben (§§ 10 I Ziff. 3, 28 II). PG. § 2 II setzt die Möglichkeit des gesetzlichen Übergangs und der rechtsgeschäftlichen Übertragung der im Inlande noch nicht angemeldeten Erfindung im Wege der Rechtsnachfolge voraus. Und § 5 schließlich läßt die Wirkungen des Patents dem gegenüber nicht eintreten, welcher zur Zeit der Anmeldung bereits im Inlande die Erfindung in Benutzung genommen oder die zur Benutzung erforderlichen Veranstaltungen getroffen hatte.

Es leuchtet ohne weiteres ein, daß diese vier Rechte oder Befugnisse zur Voraussetzung den Besitz der Erfindung haben. Denn anmelden, benutzen, übertragen kann sie nur der Erfindungsbesitzer, wie sie auch nur diesem entnommen werden kann. Aber der Erfindungsbesitz ist nicht etwa nur eine unter mehreren Voraussetzungen, an welche die genannten Befugnisse und Rechte geknüpft sind, sondern die Voraussetzung oder richtiger die Ursache, aus der die gesetzlichen Wirkungen folgen. Der Anspruch auf Erteilung des Patents, das Einspruchs- und Nichtigkeitsklagrecht wegen Entnahme, die Übertragungsmöglichkeit und das Vorbenutzungsrecht hat der Erfindungsbesitzer als solcher, ohne daß es auf die Berechtigung seines Besitzers irgendwie ankäme. Diese von der herrschenden Meinung abweichende Auffassung bedarf im einzelnen der Begründung.

Zunächst gilt sie für das wichtigste Recht an der Erfindung, dem öffentlich-rechtlichen Anspruch auf Erteilung des Patents. § 3 I PG. gewährt den Anspruch nicht dem Erfinder, sondern demjenigen, welcher die Erfindung zuerst nach Maßgabe des Gesetzes angemeldet hat. Wie der Anmelder notwendigerweise ein Erfindungsbesitzer sein muß, so kann auch andererseits jeder die Erfindung zum Patent anmelden. Ob er der Erfinder ist oder nicht, ob er in letzterem Falle zur Anmeldung berechtigt ist, oder ob er den Besitz der Erfindung und der sie enthaltenden Beschreibungen widerrechtlich durch Diebstahl oder Unterschlagung erlangt hat, ist unerheblich. Das PA. prüft das Vorliegen einer Erfindung lediglich im objektiven Sinne. Wenn ein technisches Geheimnis vorhanden ist, das einen außerordentlichen Fortschritt als Produkt einer schöpferischen Geistestätigkeit enthält, so ist das Patent zu erteilen, ohne daß es auf die Berechtigung des Besitzes ankommt[1]). Sollte sich selbst aus der Anmeldung ergeben, daß ein Fall unberechtigter Erfindungsentnahme vorliegt, so darf das PA. dies nicht von Amts wegen beachten. Ebensowenig kann ein beliebiger Dritter darauf einen Einspruch oder eine Nichtigkeitsklage gründen. Selbst ein Erfinder ist dem anmeldenden Erfindungsbesitzer gegenüber machtlos, sofern die Erfindung nicht gerade ihm entnommen ist. Dies tritt bei der Doppelerfindung klar zutage. Wenn A. und B. unabhängig voneinander eine Erfindung machen und C., der dem B. die Beschreibung stiehlt, sie zum Patent anmeldet, so kann A. ihn daran nicht hindern. Daß A. seine Erfindung vielleicht vor dem B. gemacht hat, daß er den Besitz seines technischen Geheimnisses durch die auf die Anmeldung des C. erfolgende Bekanntmachung und Veröffentlichung des Patents einbüßt, daß er unter Umständen nicht einmal ein Vorbenutzungsrecht hat, falls die Voraussetzungen des § 5 nicht gegeben sind, ist durchweg belanglos. Denn nur der zuerst anmeldende Erfindungsbesitzer bekommt das Patent und nicht der Erfinder[2]).

Gleichwohl darf nicht verkannt werden, daß dieses Recht des anmeldenden Erfindungsbesitzers um des Erfinders willen geschaffen ist. In der Regel wird der Anmelder mit dem Erfinder identisch sein oder doch von diesem sein Recht herleiten. Daß es unter Umständen anders sein kann, wird vom Recht um der Verkehrssicherheit willen zunächst nicht beachtet. Der in Schrifttum und Rechtsprechung[3]) sich findende Ausdruck, das Gesetz vermute im ersten Anmelder den Erfinder, ist weder eindeutig noch zur Erklärung der Rechtsfigur geeignet. Um eine Vermutung im eigentlichen Sinne handelt es sich nicht; denn sie kann weder frei durch entgegenstehende Tatsachen entkräftet noch als eine praesumptio iuris et de iure angesehen werden, da sie auf Einspruch des in seinem Erfindungsbesitze Verletzten hin der Nachprüfung unterliegt.

[1]) Starck in Mitteilungen 1919, 21.

[2]) Vgl. OLG. Hamm im Bl. 06, 49 = GRuU. 06, 28.

[3]) Nachweise bei Isay § 1 Nr. 43; Adler in Goldschmidts Zeitschr. 65 S. 237f. S. auch Gutachten des I. Zivilsenats des RG. zum Entwurf eines PG. S. 50.

Richtiger ist die Auffassung, daß vom Recht im Erfindungsbesitzer ein Typus aufgestellt wird, in welchem in der Regel der Erfinder oder sein Rechtsnachfolger erscheint[1]). Es liegt nicht anders als beim Sachbesitzschutze. Auch dieser ist geschaffen, um den Besitzberechtigten, d. h. den Eigentümer oder seinen Rechtsnachfolger im Besitze, zu schützen; weil aber der Besitzer in der Regel auch der Besitzberechtigte ist, schützt die Rechtsordnung den Besitzer schlechthin, so daß nun auch der Schutz dem Unberechtigten, dem Diebe, zuteil wird. Der Rechtsschutz wird an den nach außen in die Erscheinung tretenden Typus geknüpft.

§ 27.

Auch das Einspruchs- und Nichtigkeitsklagrecht gegen den widerrechtlichen Entnehmer der Erfindung hat das PG. §§ 3 II, 24 II, 10 I Ziff. 3, 28 II nur von der Voraussetzung des verletzten Erfindungsbesitzes abhängig gemacht. Zeigte schon der oben erwähnte Fall, daß dem Erfinder als solchem die Rechte versagt sind, wenn er nicht zugleich der Bestohlene ist, so kommt es umgekehrt für ihre Gewährung auf die Berechtigung des Erfindungsbesitzes nicht an. Wie der Dieb bezüglich der gestohlenen Sache gegen einen zweiten Dieb den Sachbesitzschutz genießt, so hat auch der Entwender einer Erfindung Einspruch und Nichtigkeitsklage, wenn ihm von einem Dritten ohne seine Einwilligung die Erfindung entnommen wird. Dies ist anerkannt.

Aber bei der Erkenntnis, daß Einspruchs- und Nichtigkeitsklagrecht dem Erfindungsbesitzer zukommen, darf man nicht stehen bleiben. Es muß weiter behauptet werden, daß diese beiden Rechtsbehelfe ihm als solchem gegeben sind, dazu bestimmt, seinen Erfindungsbesitz zu schützen und vor widerrechtlichen Eingriffen Dritter zu bewahren. Sie sind reine Besitzschutzmittel und setzen daher eine vorangegangene Verletzung des Erfindungsbesitzes voraus. Die im Schrifttume und in der Rechtsprechung gemeine Meinung steht auf einem anderen Standpunkt. Den Tatbestand der patentrechtlichen „Entnahme" sieht sie als gegeben an, wenn jemand seinen Erfindungsbesitz von einem anderen herleitet und ohne dessen Einwilligung durch Anmeldung verwertet[2]). Ob der Besitz mit oder

[1]) Isay aaO.

[2]) Vgl. Damme, Patentrecht Kap. 5 S. 238; Kent § 3 Nr. 76; vgl.

ohne Willen des ursprünglichen Erfindungsbesitzers erworben war, erscheint ihr gleichgültig[1]). So beurteilt die Rechtsprechung[2]) den Fall, daß der Lizenznehmer eines Geheimverfahrens dies ohne Einwilligung des Erfinders anmeldet, als „Entnahme". Seligsohn (§ 3 Nr. 21) sieht den § 3 Abs. II als gegeben an, wenn der Hörer eines Vortrages ohne Einwilligung des Vortragenden die besprochene Erfindung zum Patent anmeldet. Isay (§ 3 Nr. 24 zu I 3) und Allfeld (§ 3 Nr. 12) erklären ausdrücklich, daß die Einwilligung sich nicht nur auf den Besitz beziehen müsse, sondern auch auf die Art und Weise, wie der Dritte die Erfindung verwenden will, also insbesondere auf seine Anmeldung.

Dieser Meinung kann nicht beigestimmt werden. §§ 3 II und 10 I Ziff. 3 PG. machen Einspruch und Nichtigkeitsklage davon abhängig, daß der „wesentliche Inhalt der Anmeldung den Beschreibungen, Zeichnungen, Modellen, Gerätschaften oder Einrichtungen eines anderen oder einem von diesem angewendeten Verfahren ohne Einwilligung desselben entnommen ist". Nirgends ist davon die Rede, ob die Anmeldung ohne Einwilligung des ursprünglichen Erfindungsbesitzers erfolgt; es kommt vielmehr darauf an, daß die „Entnahme" ohne Einwilligung geschehen ist. „Entnehmen" bezieht sich sprachlich ebenso wie „wegnehmen" (§ 242 StGB.) auf den Besitzerwerb; nur ist ersteres Wort farbloser als letzteres, bei welchem die Vorsilbe „weg" den entgegenstehenden Willen des bisherigen Besitzers klar ausdrückt. „Entnehmen" kann man auch etwas m i t Willen des bisherigen Besitzers. Deshalb ist der Begriff der Entnahme im PG. durch die Worte „ohne Einwilligung" verstärkt, wenn auch nicht bis zur „Wegnahme" gesteigert, die nur „gegen" den Willen erfolgen kann. Die „Entnahme ohne Einwilligung" bedeutet also Erwerb des Erfindungsbesitzes vom bisherigen Besitzer ohne dessen Einwilligung. Auf seiner Seite müßte

---

auch Adler in Goldschmidts Zeitschr. 85, 210 u. 241, dessen Beweisführung für die Existenz eines Erfinderrechts auf diesem Begriff der Entnahme aufgebaut ist.

[1]) Als durch die Entnahme verletzt und einspruchs- wie klagberechtigt werden angesehen: 1. der Inhaber des Erfindungsrechts, 2. der Erfinder als solcher, 3. der Eigentümer der Beschreibungen, 4. der Besitzer derselben; Gutachten des I. Zivilsenats des RG. zum Entwurf eines PG. S. 48 f., 54.

[2]) RGZ. 2, 137 = Bl. 81, 29 = G. 2, 135.

sie als „abhanden kommen" im Sinne des unfreiwilligen Besitzverlustes angesprochen werden, wenn nicht bei der Eigenart des Geheimnisbesitzes im Gegensatz zum Sachbesitze trotz Eintritts des neuen Besitzers auch der alte wegen der Teilbarkeit des Geheimnisses Besitzer bliebe. Auf seiten des ersten Entnehmers erscheint die Entnahme meist als „verbotene Eigenmacht" des § 858 I BGB., welche ebensowenig schuldhaft zu geschehen braucht wie jene[1]). Es kommt aber auch der zufällige Besitzerwerb in Betracht; jemand findet die verloren gegangene Beschreibung, sieht zufällig das geschaffene Modell. So verstanden, sind Einspruch- und Nichtigkeitsklage in all den Fällen nicht gegeben, in denen der Erfindungsbesitzer freiwillig seinen Besitz überträgt; denn nur der einwilligungslose Besitzerwerb soll gehindert werden. In den oben genannten, in Rechtsprechung und Schrifttum besprochenen Fällen hätte daher m. E. die Entscheidung anders zu lauten. Da der Vortragende auf seine Hörer, der Lizenzgeber auf den Lizenznehmer den Geheimnisbesitz freiwillig überträgt, „entnehmen" diese die Erfindung nicht „ohne Einwilligung". Wenn die Besitzerwerber die gewonnene Kenntnis alsdann zum Patente anmelden, so mögen sie möglicherweise sich aus sittenwidriger unerlaubter Handlung oder aus dem Vertrage haftbar machen, sie mögen alsdann zur Abtretung der Anmeldung oder des Patents oder zur Abgabe einer Verzichtserklärung verpflichtet sein. Niemals kann aber durch die spätere Anmeldung der vom ursprünglichen Erfindungsbesitzer gebilligte Besitzerwerb nachträglich als „Entnahme ohne Einwilligung" angesehen werden. Wenn Kohler (Handb. 250) ausführt, daß Entnahme dem furtum entspräche, nicht nur den Diebstahl, die Geheimnisentziehung, sondern auch die Unterschlagung, den Geheimnisverrat, umfasse, so ist dies zwar vom Standpunkt der gemeinen Meinung aus folgerichtig. Von der hier vertretenen Auffassung aus muß aber betont werden, daß gerade die Unterschlagung nicht gedeckt, sondern nach dem klaren Wortlaut des PG. nur die Entziehung des Geheimnisbesitzes betroffen wird.

Dies erscheint auch folgerichtig. Da der Anspruch auf Erteilung des Patents dem ersten Erfindungsbesitzer als solchem zusteht, ist es eine Ausnahme, wenn von zwei Erfindungsbesitzern der eine

---

1) Gemeine Meinung.

abgesehen von der Priorität patentrechtlich besser berechtigt erscheint als der andere. Bürgerlich-rechtlich mögen Vertrag oder unerlaubte Handlung wie bei jedem Geheimnis eine Vorzugsstellung des einen Besitzers begründen, die dieser vor den ordentlichen Gerichten zur Geltung bringen mag. Das PA. aber, welches nur den Erfindungsbesitzer kennt, kann dessen öffentlich-rechtlichen Anspruch lediglich dann abweisen, wenn sein Besitz „fehlerhaft"[1]) erlangt ist und der ursprüngliche Erfindungsbesitzer mittels Einspruchs oder Nichtigkeitsklage die ihm gegenüber bestehende Fehlerhaftigkeit des Entnehmerbesitzes geltend macht. Leitet der Anmelder dagegen seinen Erfindungsbesitz von einem anderen her, hat er ihn aber nicht ohne dessen Einwilligung erworben, so haftet er diesem doch auf Schadensersatz, falls er durch die Anmeldung schuldhaft gegen Vertrag, Gesetz oder die guten Sitten verstößt. Der Schadensersatzanspruch mag auf Abtretung der Anmeldung oder des Patents gerichtet sein oder auf Einräumung einer Lizenz, sofern der Verletzte nicht schon gemäß § 5 das Vorbenutzungsrecht hat. Der Geschädigte kann aber auch verlangen, daß der Verletzer auf sein Patent verzichte; denn sofern er die Erfindung zu veröffentlichen und der Allgemeinheit zugänglich zu machen gedachte, liegt in dem Bestand des Patents der ihm erwachsene Schaden. Durch die Vorlegung des Gerichtsurteils, das den Verletzer zum Verzichte verurteilt, beim PA. erlangt der Verletzte denselben Erfolg, den er mit der von der gemeinen Meinung gewährten Nichtigkeitsklage erzielen würde. Und prozessual erscheint es zweckmäßiger, daß über das bürgerliche Rechtsverhältnis die ordentlichen Gerichte entscheiden als das PA.

Der Unterschied zu der gemeinen Meinung wird dann bedeutsam, wenn dem gegenwärtigen Patentinhaber ein Verschulden nicht zur Last fällt. Der Lizenznehmer, der vertragswidrig das Geheimverfahren anmeldet, verkauft und überträgt das erhaltene Patent auf einen redlichen Dritten. Hier gewährt die gemeine Meinung dem geschädigten Lizenzgeber die Nichtigkeitsklage gegen den Dritten; denn die einmal entnommene Erfindung behält diesen Charakter auch in der Hand späterer redlicher Erwerber. Sollte dies Ergebnis aber billig sein? Verdient der redliche Käufer, der sich

[1]) Vgl. § 858 II BGB. Beim Erfindungsbesitz aber auch den zufälligen Erwerb umfassend.

auf den Eintrag der Patentrolle verläßt und auch sonst nach sorgfältiger Prüfung das Patent erworben hat, diese Schädigung? Er hat Gebühren bezahlt, zur Ausnutzung der Erfindungen Aufwendungen gemacht und nun fällt das Patent infolge der Nichtigkeitsklage ins Freie, was wieder in der Regel weit über das Interesse des geschädigten Lizenzgebers hinausgeht. Verdient denn dieser, der leichtsinnig bei Abschluß des Lizenzvertrages der Gegenpartei Vertrauen schenkte, vor dem Erwerber bevorzugt zu werden? Die Frage ist zu verneinen. „Wo er seinen Glauben gelassen hat, da mag er ihn suchen.“ Die Abwägung der Interessen und die Sicherheit des Verkehrs sprechen dafür, daß der vertrauensselige ursprüngliche Erfindungsbesitzer hinter dem schuldlosen Erwerber zurücktreten muß.

Auch die Analogie zum Sachenrecht liegt nahe. Der Satz: „ubi rem meam invenio, ibi vindico“ gilt heute nur für die Fälle des unfreiwilligen Besitzverlustes (§ 935 I BGB.). Bei gewollter Besitzübertragung heißt es: „Trau, schau, wem.“ Und wenn Kohler (Handb. 252, 253) gegen diese Analogie einwendet, daß es wohl im Sachenrechte, nicht aber bei der Erfindung einen Gewahrsam gebe, dieser aber die Grundlage für das Handwahrungsprinzip bilde, so wird dabei folgendes übersehen: Viel stärker als das Sacheigentum durch den Gewahrsam in die Erscheinung tritt, dokumentiert sich der Anspruch auf Erteilung des Patentes im Besitze der patentfähigen Erfindung, das Patentrecht in seiner Innehabung. Denn die Fälle des eigentumslosen Sachbesitzes sind ungleich häufiger als die eines rechtlosen Erfindungs- oder Patentbesitzes.

Somit sprechen Gesetzeswortlaut, Folgerichtigkeit, Billigkeit und Analogie dafür, daß Einspruchsrecht und Nichtigkeitsklage gegen einen derivativen Erwerb des Erfindungsbesitzes nur gerichtet werden können, wenn dieser ohne den Willen des früheren Besitzers erfolgt ist. Es tritt damit zutage, daß beide Rechtsbehelfe reine Besitzschutzmittel sind, dazu bestimmt, den ursprünglichen Besitz gegen einen einwilligungslosen zweiten Besitzerwerb zu schützen. Sie gleichen darin vollkommen der Klage aus § 861 BGB. Auch der im § 861 II ausgesprochene Grundsatz der exceptio vitiosae possessionis läßt sich entsprechend übertragen. Der bestohlene Erfindungsbesitzer, der dem Diebe die entwendete Beschreibung oder Zeichnung ohne dessen Willen wieder entnimmt und zum Patent anmeldet, kann den Einspruch und die Nichtigkeitsklage des Diebes mit der Einrede des fehlerhaft gewesenen Besitzes zurückschlagen.

Wie im possessorischen Verfahren überhaupt, so sind im Einspruchs- und Nichtigkeitsverfahren wegen Entnahme petitorische Einwendungen unzulässig. Das Recht auf den Erfindungsbesitz gewährt niemals ein Recht auf eigenmächtige Besitzverschaffung. So hat der Verkäufer eines Geheimverfahrens gegen den Käufer, der sich ohne seine Einwilligung den Besitz verschafft, Einspruch- und Nichtigkeitsklage, wenn der Käufer die Erfindung anmeldet und das Patent erhält. Der Käufer kann in dem vor dem PA. stattfindenden possessorischen Verfahren nicht geltend machen, daß der Verkäufer zur Übertragung des Erfindungsbesitzes verpflichtet war. Über diesen bürgerlichrechtlichen Streit haben die ordentlichen Gerichte zu entscheiden. Vor ihnen muß daher der Käufer mit dem Antrage klagen, den Beklagten zu verurteilen, ihm den Erfindungsbesitz zu übertragen, oder, da er ihn bereits hat, in seinen Erfindungsbesitz zu willigen. In dem Verfahren vor dem PA. wird er, um seiner drohenden Verurteilung zu entgehen, deren Schaden im Nichtigkeitsverfahren ja unheilbar wäre, die Aussetzung gemäß § 148 ZPO. beantragen.

Denn auch hier gilt der Satz: petitorium absorbet possessorium. Legt der Käufer das den Verkäufer verurteilende Gerichtserkenntnis dem PA. vor, so unterliegen Nichtigkeitsklage und Einspruch der Abweisung. Dies folgt schon daraus, daß das rechtskräftige Urteil die Einwilligung des Verkäufers in die Entnahme ersetzt (ZPO. § 894) und damit die Voraussetzungen der Besitzverletzung entfallen. Denn die „Einwilligung" in den §§ 3, 10 PG. ist nicht nur die vorherige Zustimmung wie im § 183 BGB., sondern umfaßt auch, wie allgemein anerkannt[1]), die nachträgliche Genehmigung.

§ 28.

In der vom PG. § 2 II erwähnten Rechtsnachfolge wird lediglich der Erfindungsbesitz übertragen. Da irgendein weiteres Recht an der Erfindung von dem PA. nicht beachtet wird, sondern der zuerst anmeldende Erfindungsbesitzer das Patent erhält, kann auch nur auf ihn als solchen sich die Bestimmung des § 2 II beziehen.

---

[1]) Kohler 252; Isay § 3 Nr. 24; Stern-Oppenheimer § 3 Nr. 54; Gülland, Einführung in die zivilistische Praxis in Erfindungs- und Patentsachen S. 155.

Praktisch ist sie ohne Bedeutung, da eine diesbezügliche Bekanntmachung im Reichsgesetzblatt weder bisher ergangen ist noch voraussichtlich ergehen wird.

Schließlich hat auch das Vorbenutzungsrecht (§ 5 I PG.) den Erfindungsbesitz zur Grundlage[1]). Wenn dabei zum Besitze der Kenntnis die bereits erfolgte oder unmittelbare bevorstehende Benutzung hinzutreten muß, so ist darin eher eine Verstärkung als Abschwächung des possessorischen Grundsatzes zu sehen. Denn die Benutzung ist im Hinblick auf die gewerbliche Verwertbarkeit der Erfindung nichts anderes als die Betätigung ihres Besitzes[2]). Sprachlich tritt dies schon dadurch in die Erscheinung, daß das Wort „Erfindungsbesitz" im Schrifttum gerade für das Vorbenutzungsrecht des § 5 üblich geworden ist[3]). Dementsprechend kann ein Vorbenutzungsrecht ohne Erfindungsbesitz nicht entstehen. Wenn der Käufer einer Erfindung bereits vor ihrer Übergabe die zur Benutzung erforderlichen Veranstaltungen nach der genauen Anweisung des Verkäufers getroffen hatte, so hat er dennoch kein Vorbenutzungsrecht, sofern der vertragsbrüchige Verkäufer, statt nunmehr den Erfindungsbesitz zu übertragen, die Erfindung für sich zum Patent anmeldet. Praktisch wird dies dann, wenn der anmeldende Verkäufer den Erteilungsanspruch oder das Patent auf einen redlichen Dritten überträgt. Alsdann kann sich der geschädigte Käufer lediglich an seinen Kontrahenten halten. Ein Vorbenutzungsrecht gegenüber dem dritten Patentinhaber hat er nicht, obwohl der Wortlaut des § 5 ihm zur Seite steht. Nach Sinn und Zweck der Vorschrift ist die erfolgte wie die in Aussicht genommene Benutzung der Erfindung nur die in die Tat umgesetzte Kenntnis der ihr zugrunde liegenden technischen Regel. Daher ohne Erfindungsbesitz kein Vorbenutzungsrecht[4]).

Anderseits wird auch nicht mehr als die Betätigung des Erfindungsbesitzes gefordert. Das Vorbenutzungsrecht geht nicht auf

---

[1]) Auch im Gebrauchsmusterrechte ist das Vorbenutzungsrecht heute anerkannt, obwohl es vom GMG. nicht erwähnt wird.

[2]) RG. in JW. 08, 247; Stern-Oppenheimer, Einl. Nr. 14 spricht deshalb von „Erwerbsbesitz". Grundsätzlich abw. Kohler 469; Damme, Patentrecht 354.

[3]) Seligsohn § 5 Nr. 5.

[4]) RG. Bl. 1902, 180; 1904, 76; 1908, 190 = JW. 08, 248.

ein subjektives Erfinderrecht zurück[1]); auch bei ihm kommt es auf die Gutgläubigkeit des Besitzes in der Regel nicht an[2]). Wenn bei einer Doppelerfindung der eine Erfinder bestohlen wird und der andere auf sie ein Patent erhält, so hat der Dieb, wenn er zur Zeit der Anmeldung bereits mit der Benutzung begonnen hatte, ein Vorbenutzungsrecht gegenüber dem Patentinhaber. Gleichwohl darf auch hier ebensowenig wie bei Erteilung des Patents verkannt werden, daß das Recht des § 5 um des Erfinders willen, und zwar hier um des Doppelerfinders willen, geschaffen ist. Im Vorbenutzer sieht das Gesetz den Typus des Doppelerfinders[3]). Da es aber den Typus als solchen schützt, kommt es im Einzelfalle weder darauf an, ob der Vorbenutzer ein Erfinder ist, oder ob überhaupt ein Fall der Doppelerfindung vorliegt. Wenn A. seine Erfindung an B. und darauf noch an C. veräußert, so erwirbt B. mit der Benutzung ein Vorbenutzungsrecht gegenüber C., wenn sie dieser dann zum Patente anmeldet. Es ist auch nach dem klaren Wortlaute des § 5 ohne Belang[4]), ob der Erfindungsbesitz des Patentinhabers von dem des Benutzers oder dieser von jenem abgeleitet ist, oder ob die beiden Besitze unabhängig voneinander entstanden sind. So kann im Fall der Entnahme (§§ 3 II, 10 I Ziff. 3 PG.) der bestohlene Erfinder sich gegenüber dem Patentinhaber mit seinem Vorbenutzungsrechte begnügen, statt von seinem Einspruchsrecht oder der Nichtigkeitsklage Gebrauch zu machen. Ebenso kann der Veräußerer einer noch nicht angemeldeten Erfindung[5]) gegenüber dem anmeldenden Erwerber an sich ein Vorbenutzungsrecht geltend machen, sofern nicht nach dem Kaufvertrage dies der Parteiabsicht entsprechend ausgeschlossen sein sollte. Und umgekehrt kann der Lizenzgeber, wenn er auf sein Geheimverfahren ein Patent nimmt, den vorher entstandenen Lizenznehmer an der Weiterbenutzung des Verfahrens nicht hindern. Der Umstand, daß der Lizenznehmer nach dem Vertrage, der bestohlene Erfinder infolge der unerlaubten Handlung unter Umständen noch über den § 5 hinausgehende

---

[1]) RG. JW. 08, 248 = Bl. 08, 190; Kohler 470, 471.

[2]) RG. JW. 08, 248 = Bl. 08, 190.

[3]) RG. Z. 26, 64 = Bl. 90, 365; 37, 44 = Bl. 1905, 175; 45, 117 = Bl. 1900, 173.

[4]) A. M. Isay § 5 Nr. 5.

[5]) Anders bei Veräußerung des Patents, RG. im Bl. 82, 101 = G. 4, 120.

Rechte haben kann, schließt zunächst ihr Vorbenutzungsrecht nicht aus. Hiervon gibt es nur eine Ausnahme: Der „fehlerhafte", durch Entnahme[1]) erlangte Erfindungsbesitz kann niemals die Grundlage des Vorbenutzungsrechts sein. Die Fehlerhaftigkeit gilt allerdings nur[2]) gegenüber dem Verletzten und seinem Rechtsnachfolger, anderseits muß sie aber jeder Rechtsnachfolger des Entwenders, auch der gutgläubige Sondernachfolger, gegen sich gelten lassen[3]). Der Entwender und seine Nachfolger haben gegenüber dem Verletzten und seinen Nachfolgern kein Besitz- und daher auch kein Vorbenutzungsrecht.

§ 29.

Somit ergibt sich, daß in allen Fällen, in denen das PG. die Erfindung bis zu ihrer Anmeldung erwähnt, der Erfindungsbesitz als solcher mit Rechten oder Befugnissen ausgestattet wird. Irgendein davon unabhängiges oder darüber hinausgehendes Recht an der Erfindung oder auf die Erfindung kennt das Gesetz nicht; weder das Wort noch der Begriff des Erfinders kommen in ihm vor[4]). Auch gibt es nach dieser positiven Regelung kein Individualrecht an der Erfindung[5]), da unser geltendes Recht ein allgemeines Persönlichkeitsrecht nicht anerkennt[6]). Bei dieser ausschlaggebenden Bedeutung des Erfindungsbesitzes ist die Frage, wer als Erfindungsbesitzer anzusehen ist, von entscheidender Wichtigkeit.

Soweit der Erfindungsbesitzer wirkliche Kenntnis von der Erfindung hat, macht ihre Beantwortung keine Schwierigkeiten. Der Erörterung bedürfen nur die Fälle, in denen jemand Erfindungsbesitzer ist, ohne die Erfindung zu kennen, oder umgekehrt trotz Kenntnis nicht als solcher gilt. Dies findet sich bei der Stellvertretung im Besitze, insbesondere bei der Besitzdienerschaft. Hierbei sind zwei Möglichkeiten denkbar, daß entweder der Besitz-

---

[1]) RG. in LZ. 1909, 235 Nr 37; 1912, 463 Nr. 42.

[2]) RG. in JW. 08, 248 = Bl. 08, 190; Kohler 472; Isay § 5 Nr. 15; Seligsohn § 5 Nr. 7; a. M. Schanze, Patentrechtliche Untersuchungen 231.

[3]) Anders § 858 II BGB.

[4]) Ebensowenig im GMG.

[5]) Abweichend Kohler, Handbuch S. 248ff.; Gierke, Deutsches Privatrecht I, 856, 873, 892; eingehend darüber Schanze, GRull. 1902, 65ff.; Industrierechtl. Abhandl. II, 183ff., 280ff.; Kent § 1 Nr. 12; Isay, Anhang Nr. 1, 34.

[6]) Vgl. oben § 11 S. 37.

stellvertreter selbst der Erfinder ist, oder daß er nur die tatsächliche Gewalt über die von einem anderen gemachte Erfindung ausübt. Ist der Vertreter nicht selbst der Erfinder, so gelten die allgemeinen Regeln der Stellvertretung im Geheimnisbesitze unbeschränkt. Die Handelsgesellschaften besitzen ihre Erfindungen durch ihre Organe, denen ihre Kenntnis nicht als eigener Besitz zugerechnet wird, sofern nicht nach der besonderen Verfassung der Gesellschaft im einzelnen Falle[1]) ein anderes anzunehmen ist. In den Fällen der gesetzlichen Vertretung und der Verwaltung von Sondervermögen (Eltern, Vormund, Pfleger, Ehemann, Testamentsvollstrecker, Nachlaßverwalter und vielleicht auch Konkursverwalter) ist sowohl der Vertreter (Verwalter) wie der Vertretene (Vermögensinhaber) Erfindungsbesitzer[2]). Der angestellte Ingenieur oder Arbeiter ist bezüglich der von ihm benutzten Erfindungen gerade so Besitzdiener, wie ihm für die dabei verwendeten Maschinen und Geräte ein selbständiger Besitz nicht zukommt; Erfindungs- und Sachbesitzer ist ausschließlich der Betriebsinhaber, mag er den Bestand der Erfindung und Sachen kennen oder nicht[3]). Von den vier im Patentgesetz behandelten Fällen des Erfindungsbesitzes hat all dies für die Übertragungsmöglichkeit und die Erlangung des Patentschutzes zunächst keine Bedeutung. Denn jeder, der Kenntnis von der Erfindung hat, kann sie tatsächlich veräußern oder anmelden, auch wenn er bis dahin nicht als Erfindungsbesitzer anzusehen war. Mit der Übertragung oder Anmeldung im eigenen Namen dokumentiert er den eigenen Erfindungsbesitz, selbst wenn er ihn bisher nicht hatte. Es liegt dann eben, falls der frühere Erfindungsbesitzer nicht zustimmt, eine unbefugte Entnahme der Erfindung vor. Und für diesen dritten, im § 3 II PG. behandelten Fall des Erfindungsbesitzes gewinnt die Lehre von der Stellvertretung besondere Bedeutung. Die Organe der juristischen Personen und die angestellten Besitzdiener unterschlagen nicht die Erfindung, wenn sie sie im eigenen Namen durch Anmeldung oder Veräußerung verwerten. Sondern ebenso wie bei ihnen bezüglich körperlicher Sachen verbotene Eigenmacht („wegnehmen")[4]) vorliegt, so bezüglich der Erfindung die Ent-

[1]) Vgl. oben § 8 S. 27. [2]) Vgl. oben § 9 S. 28.

[3]) Vgl. oben § 10 S. 33.

[4]) Ob Diebstahl vorliegt, ist mit Rücksicht auf den spezifisch strafrechtlichen Begriff des Gewahrsams zweifelhaft und streitig.

nahme. Auch wenn das Organ nach der Verfassung der juristischen Person allein zu ihrer Vertretung berechtigt sein sollte, ist es wegen des Verbots des § 181 BGB. nicht befugt, sich etwa selbst die Einwilligung zur Entnahme zu erteilen. Die verletzte juristische Person oder der Dienstherr haben abgesehen von sonstigen Rechtsbehelfen das Einspruchsrecht und die Nichtigkeitsklage, im Falle der Veräußerung natürlich nur dann, wenn es seitens des Erwerbers oder seines Nachfolgers zur Patentanmeldung kommt. Anderes gilt für den Fall der gesetzlichen Vertretung. Der gesetzliche Vertreter, der die Erfindung für sich verwertet, wird zwar eine „Untreue" begehen, sofern er zu den im § 266 I Ziff. 1 StGB. bezeichneten Personengruppen gehört. Eine „Entnahme" ist aber bei ihm deshalb ausgeschlossen, weil er bereits vorher neben dem Vertretenen als Erfindungsbesitzer galt. Die Richtigkeit dieses Satzes, der aus der Stellvertretungslehre folgt, wird durch folgende Erwägung bestätigt. Der gesetzliche Vertreter kann schon deshalb nicht „ohne Einwilligung entnehmen", weil für das Vorliegen der Einwilligung der Wille des Vertretenen ausscheidet. Dies ist klar, soweit es sich in den Fällen der elterlichen Gewalt, Vormundschaft oder Pflegschaft um willensunfähige Vertretene handelt. Aber es gilt ebenso für die Verwaltung von Sondervermögen (Ehemann, Testamentsvollstrecker, Nachlaßverwalter, Konkursverwalter), weil hier die Vermögensinhaber kraft gesetzlicher Vorschrift von der Verfügung über ihr Gut ausgeschlossen sind[1]). Umgekehrt können aber auch die Vertretenen keine Entnahme begehen. Einspruch und Nichtigkeitsklage des Testamentsvollstreckers finden z. B. nicht statt, wenn der Alleinerbe ohne seinen Willen die Betriebserfindung anmeldet und dann den Erteilungsanspruch (§ 6 PG.) abtritt. Denn da der Erbe bereits Erfindungsbesitzer war, kann er die Erfindung nicht erst vom Vollstrecker entnommen haben.

Schwieriger gestaltet sich die Entscheidung, sobald das Stell-

[1]) § 181 BGB. steht dem nicht entgegen; denn die Einwilligung, die § 3 II PG. erfordert, bezieht sich nicht auf die Anmeldung zum Patente, sondern auf den Erwerb des Erfindungsbesitzes (vgl. oben § 27 S. 77 ff.). Da dieser auf gesetzlicher Vorschrift beruht, braucht nicht der Vertreter oder Verwalter etwa sich selbst eine Einwilligung zur Entnahme zu erteilen. Ein Selbstkontrahieren kommt für ihn daher anders als bei dem vertretungsberechtigten Organ der juristischen Person gar nicht in Frage.

vertretungsverhältnis endigt. Die Organe der juristischen Person sowie die angestellten Besitzdiener können sich bei ihrer Entlassung doch tatsächlich nicht der gewonnenen Kenntnis der Erfindung entäußern. Vorher waren sie keine Erfindungsbesitzer, weil ihr Besitz nur den Vertretenen zugerechnet wurde. Nachher kann von einer solchen Zurechnung wegen Beendigung des Besitzmittlungsverhältnisses nicht mehr die Rede sein. Also müssen sie nach Beendigung ihrer Organ- oder Besitzdienerstellung als selbständige Erfindungsbesitzer gelten. Es fragt sich, ob dieser Erwerb des Erfindungsbesitzes als „Entnahme ohne Einwilligung" anzusehen ist, ob Dienstherr und juristische Person Einspruch und Nichtigkeitsklage haben, wenn der Entlassene oder sein Rechtsnachfolger die Erfindung zur Anmeldung bringt. Man könnte vielleicht meinen, daß der Besitzherr durch die Entlassung in die Entnahme der Erfindung willige, weil er ja um die Entstehung des selbständigen Erfindungsbesitzes in dem Entlassenen wisse. Aber wie verhält es sich, wenn das Ende der Besitzvertretung durch Kündigung nicht des Besitzherrn, sondern des Organs oder Dieners erfolgt? Auch ist das Nichthindernkönnen des neuen Erfindungsbesitzes noch keine Einwilligung des ursprünglichen Besitzers. Bedenkt man ferner, daß die unbefugte Entnahme keineswegs ein Verschulden des Besitzerwerbers voraussetzt, so wird man auch in der Mitnahme der Kenntnis seitens des ausscheidenden Organs oder Angestellten eine Entnahme des Erfindungsbesitzes ohne Einwilligung des ursprünglichen Besitzers erblicken dürfen. Nachteilige Folgen hat dies für den Entnehmer zunächst nicht. Erst wenn er oder sein Nachfolger die Erfindung anmeldet, entstehen Einspruchs- und Nichtigkeitsklagrecht. Dies erscheint auch nicht unbillig; denn ebenso wie der Ausscheidende den Besitz an den ihm anvertrauten körperlichen Sachen bei dem Besitzherrn zurücklassen mußte, so darf er auch keine Vorteile daraus ziehen, daß dies beim Erfindungsbesitz aus tatsächlichen Gründen unmöglich ist. Der oben festgestellte[1]) Grundsatz, daß der Angestellte nach seiner Entlassung grundsätzlich zur unbeschränkten Verwertung der ihm bekannten Betriebsgeheimnisse befugt ist, erleidet hierdurch eine Ausnahme. Soweit das Betriebsgeheimnis eine patentwürdige Erfindung betrifft, ist der Angestellte zur eigenen Anmeldung ohne besondere Einwilligung nicht berechtigt.

[1]) Vgl. § 21 S. 61.

Anders liegen die Fälle der gesetzlichen Vertretung. Hier war der Vertreter bereits vorher kraft gesetzlicher Regelung Erfindungsbesitzer. Bei der Beendigung der Vertretung erwirbt er nicht neuen Besitz, sondern behält seinen alten. Daher kann eine Entnahme nicht vorliegen. Auch wenn der elterliche Gewalthaber oder Vormund nunmehr trotz Volljährigkeit des Kindes die Erfindung für sich anmeldet, kann sein ursprünglich rechtmäßiger Besitzerwerb nicht nachträglich als Entnahme ohne Einwilligung angesehen werden. Ebenso wie der volljährig Gewordene gegenüber dem Gewalthaber, der sein Vermögen nicht herausgibt, keinen Sachbesitzschutz genießt, hat er auch nicht die possessorischen Rechtsbehelfe des Einspruchs und der Nichtigkeitsklage. Eine Schädigung des Volljährigen wird hierdurch nicht bewirkt; denn der bisherige Gewalthaber ist gemäß §§ 1681, 1686, 1690, 1915 BGB. zur Herausgabe des Vermögens verpflichtet. Soweit das Kind mangels Kenntnis nicht in der Lage ist, seinen schon bestehenden Erfindungsbesitz zu betätigen, muß der Gewalthaber ihm die Erfindung mitteilen. Im übrigen bedarf es nicht erst eines besonderen Herausgabeaktes. Aus der Herausgabepflicht folgt, daß der Gewalthaber nichts vom Vermögen des Kindes behalten soll. Er darf daher den Erfindungsbesitz, dessen er sich tatsächlich nicht entäußern kann, nicht für sich verwerten. Tut er es dennoch, meldet er insbesondere die Erfindung für sich an, so haftet er nicht nur möglicherweise auf Schadensersatz, indem er durch die mit der Patenterteilung verknüpfte Bekanntmachung den Geheimnisbesitz des Kindes zerstört, sondern er ist gemäß § 281 BGB., da er die noch fortbestehende Herausgabepflicht unmöglich gemacht hat, verpflichtet, den Patenterteilungsanspruch oder das Patent selbst als Surrogat dem Kinde abzutreten. Diesem ist hierdurch besser als mit der Nichtigkeitsklage geholfen, da es das Patent nicht ins Freie fallen lassen, sondern für sich haben will. Die von der gemeinen Meinung gewährten patentrechtlichen Rechtsbehelfe gegen unbefugte Entnahme würden gar nicht die hier in Frage kommenden Möglichkeiten erschöpfen. Denn auch wenn der bisherige Gewalthaber das Verfahren in eigene Benutzung nimmt, muß dem Kinde ein Untersagungsrecht zugebilligt werden; dies läßt sich aber nur aus der bürgerlich-rechtlichen Herausgabepflicht des Gewalthabers und nicht aus dem Erfindungsbesitz des Gewaltunterworfenen begründen. Gleiches gilt für die Verwaltung von sonstigen Sondervermögen, da durchweg eine Herausgabepflicht nach Beendigung des Vertretungsverhältnisses besteht (Ehemann § 1421, Testamentsvollstrecker §§ 2218, 667, Nachlaßverwalter §§ 1975, 1915, 1890 BGB. und, falls man den Konkursverwalter hinzurechnet, § 192 KO.).

Wer in den Fällen der Stellvertretung im Besitze als Erfindungsbesitzer zu gelten hat, gewinnt schließlich für das Vorbenutzungsrecht (§ 5 PG.) Bedeutung. Soweit Organstellung und Besitzdienerschaft in Betracht kommen, kommt das Vorbenutzungsrecht nur der juristischen Person und dem Dienstherrn zu, weil lediglich diese ihren eigenen Erfindungsbesitz betätigen[1]). Schwieriger liegt auch hier der Fall der gesetzlichen Vertretung. Man könnte zunächst meinen, daß, weil hier zwei Erfindungsbesitzer vorhanden sind, logischerweise auch zwei Vorbenutzungsrechte entstehen müßten. Dem steht aber schon § 5 I Satz 2 und 3 PG. entgegen, welche die Befugnis mit dem Betriebe verknüpfen; da nur ein Betrieb vorhanden ist, kann ein zweites, von diesem Betriebe unabhängiges Vorbenutzungsrecht keinen Bestand haben. Es fragt sich daher lediglich, wem im Falle der gesetzlichen Vertretung von den beiden Erfindungsbesitzern die Befugnis zukommt, dem den Betrieb leitenden Vertreter oder dem Vertretenen, dem er gehört. Welcher von beiden hat die Erfindungen in Benutzung genommen oder die dazu erforderlichen Veranstaltungen getroffen? Die Antwort muß zugunsten des vertretenen Betriebsinhabers lauten. Wie der Vertreter die sonstigen Rechte und Pflichten im Namen des Vertretenen begründet, so auch das Vorbenutzungsrecht. Dies folgt ferner aus der erörterten Herausgabepflicht des Vertreters nach Ablauf des Vertretungsverhältnisses. Da er den erworbenen Erfindungsbesitz nicht mehr betätigen darf, so darf er erst recht nicht ein Vorbenutzungsrecht für sich in Anspruch nehmen. Dies kommt vielmehr nur dem Vertretenen zu, bei welchem es mit dem Betriebe verbleibt.

§ 30.

Es ist nunmehr zu untersuchen, ob diese Grundsätze der Stellvertretung im Erfindungsbesitze auch dann gelten, wenn der Ver-

---

[1]) RG. Bl. 85, 177 = G. 5, 161; Bl. 1903, 187 = JW. 02, 427; Bl. 1908, 190 = JW. 08, 248.

treter nicht die Gewalt über eine fremde Erfindung ausübt, sondern selbst der Erfinder ist. Die Frage betrifft nur die Zurechnung des Erfindungsbesitzes. Erfinder bleibt stets diejenige natürliche Person, deren schöpferische Geistestätigkeit den technischen Fortschritt geschaffen hat. Würde es ein Individual- oder Persönlichkeitsrecht geben, insbesondere eine Erfinderehre anerkannt sein, so käme als Berechtigter nur der natürliche Schöpfer in Betracht. Da unser positives Recht aber dem Erfinder als solchem irgendwelche besonderen Befugnisse nicht zuspricht, bedarf auch hier nur das Problem des Erfindungsbesitzes der Erörterung. Die Regel, daß der Erfinder der erste Erfindungsbesitzer ist, könnte eine Durchbrechung lediglich in den drei Fällen erfahren, in denen die Stellvertretung im Erfindungsbesitze gilt. Wie hier der Vertreter bezüglich der von anderen gemachten Erfindungen überhaupt nicht oder wenigstens nicht allein als Erfindungsbesitzer angesehen wird, obwohl er alle Merkmale des Besitzes in seiner Person vereinigt, so wäre es möglich, daß der Erfindungsbesitz auch an den von ihm selber gemachten Erfindungen dem Vertretenen zugerechnet wird und nicht ihm selbst. Der Erfinder würde alsdann bereits mit der Erfindung ihren Besitz in der Person des Vertretenen entstehen lassen.

Den beiden ersten Fällen der Stellvertretung im Erfindungsbesitz, den verfassungsmäßigen Organen der juristischen Personen und den gesetzlichen Vertretern (Eltern, Vormund usw.), wird eine solche Auffassung indessen nicht gerecht. Sie lassen sich unter der gesetzlichen Vertretung im weiteren Sinne zusammenfassen, da gemäß § 26 BGB. der Vorstand der juristischen Person die Stellung eines gesetzlichen Vertreters inne hat. Wie jeder unmittelbaren Stellvertretung ist ihr eigentümlich, daß die Willensbetätigung des Vertreters nicht diesem, sondern dem Vertretenen zugerechnet wird. Dies gilt aber nach dem Grundsatze des § 164 BGB. nur dann, wenn sie ausdrücklich im Namen des Vertretenen erfolgt oder die Umstände ergeben, daß sie in dessen Namen erfolgen soll. Auf die Erfindung angewandt, kann die Willensbetätigung nicht im Erfinden selbst gefunden werden. Die juristische Person kann ebensowenig erfinden, wie sie dichten, malen, komponieren kann; auch Vater und Vormund können nicht für das Kind erfinden. Ist doch das Erfinden überhaupt keine rechtlich erhebliche Willensbetätigung! Anders verhält es sich mit dem Erfindungsbesitz.

Soweit ausdrückliche Erklärung oder die Umstände dafür sprechen, kann die Betätigung des Erfindungsbesitzes auch bezüglich der von dem gesetzlichen Vertreter gemachten Erfindungen für und gegen den Vertretenen wirken. So ist bereits erörtert worden, daß, wenn Vorstand oder Gewalthaber die von ihnen gemachte Erfindung im Betriebe der juristischen Person oder des Kindes benutzen, diese als Erfindungsbesitzer zu gelten haben. Wie steht es aber für die Zeit zwischen dem Einfall der Idee beim Erfinder und der Benutzung? Hier wird auch eine nur entsprechende Anwendung des § 164 stets versagen. Die schöpferische Geistestätigkeit, mit welcher der Erfindungsbesitz entsteht, wird weder ausdrücklich noch nach den Umständen für einen anderen vollzogen. Zum Pflichtenkreis des Generaldirektors einer Aktiengesellschaft oder des Vormunds gehört es in der Regel nicht, daß sie Erfindungen machen. Daher sind sie selbst als erste Erfindungsbesitzer anzusehen, auch wenn nachher durch Benutzung im Betriebe oder ausdrückliche Erklärung (Anmeldung, Übertragung der Erfindung im Namen des Vertretenen) daneben der Vertretene als Erfindungsbesitzer erscheint. Ausnahmen sind natürlich denkbar. Wenn eine Industriegesellschaft zum verfassungsmäßigen Vertreter gerade einen Erfinder bestellt, so ließe sich die Annahme rechtfertigen, daß schon mit der Erfindung die Gesellschaft und nur diese den Erfindungsbesitz erwirbt. Dagegen ist von dem unmittelbaren Anfall des Erfindungsbesitzes wohl zu unterscheiden, ob das Organ der juristischen Person im Einzelfall verpflichtet ist, auf diese den mit der Erfindung erworbenen Besitz zu übertragen. Sollte man beispielsweise eine solche Verpflichtung bezüglich des Generaldirektors unter Umständen aus dem Vertrage oder durch eine analoge Anwendung des § 236 HGB. zu rechtfertigen suchen, so würde es sich doch stets nur um eine obligatorische Verpflichtung zur Übertragung handeln. Diese schließt den früheren Erfindungsbesitz auf seiten des erfindenden Direktors nicht aus, sondern hat ihn im Gegenteil zur Grundlage. In den Fällen der gesetzlichen Vertretung ist daher regelmäßig der Erfinder auch der Erfindungsbesitzer. Meldet er oder derjenige, welcher von ihm die Erfindung kauft, diese zum Patent an, so fehlt dem Vertretenen die Befugnis, Einspruch oder Nichtigkeitsklage wegen Entnahme zu erheben. Soweit in der Erfindungstätigkeit (erste Herstellung der Maschine, Anwendung des neuen Verfahrens) selbst schon eine

Benutzung der Erfindung gefunden werden kann[1]), hat der Vertreter gegen das von einem anderen genommene Patent ein Vorbenutzungsrecht. Erfolgte aber die Benutzung der Erfindung im Betriebe des Vertretenen, so wird wegen der Verknüpfung mit dem Betriebe allein dessen Vorbenutzungsrecht gegeben sein. Diese Grundsätze, die für die gesetzlichen Vertreter gelten, finden erst recht auf die Verwalter von Sondervermögen Anwendung. Da der Ehemann, Nachlaßverwalter, Testamentsvollstrecker und Konkursverwalter überhaupt nicht im Namen des Vermögensinhabers, sondern im eigenen Namen handeln, gewinnen sie stets an ihren eigenen Erfindungen den Besitz.

Verschieden hiervon liegt der Fall der Besitzdienerschaft. Über die Erfindungen der Angestellten ist eine große Literatur entstanden, die ihren Grund allerdings mehr in Bestrebungen de lege ferenda als in juristischen Schwierigkeiten de lege lata hat. Dennoch ist auch für das geltende Recht der maßgebende Gesichtspunkt häufig verkannt worden. Hier wird meist das Problem dahin formuliert, wem die Erfindung des Angestellten „gehört", und wem das darauf erteilte Patent „gebührt". Demgegenüber hat Isay mit Recht scharf betont, daß es sich nur darum handelt, wer der Erfindungsbesitzer ist. Es gibt kein vom PG. anerkanntes Recht auf die Erfindung oder auf das Patent. Dies erhält vielmehr der Erfindungsbesitzer als solcher. Daher fragt es sich nur, ob der erfindende Angestellte bezüglich seiner eigenen Erfindungen ebenso als Besitzdiener anzusehen ist[2]) wie bezüglich sonstiger Betriebsgeheimnisse. Alsdann würde er keinen Anspruch auf Erteilung des Patents haben. Oder ob er selbst mit der Erfindung Erfindungsbesitzer wird und daher zur Anmeldung befugt ist. Rechtlich ist beides möglich. Die Gründe, aus welchen bei der gesetzlichen Vertretung der unmittelbare Besitzerwerb des Vertretenen an den Erfindungen des Vertreters ausgeschlossen erschien, sprechen nicht gegen eine solche Annahme bei der Besitzdienerschaft. Dort handelte es sich um den durch Gesetz festgelegten Wirkungskreis des Vertreters, hier dagegen um ein auf Vereinbarung beruhendes Abhängigkeitsverhältnis. Das Gesetz machte die Erfindung, die freie Geistesschöpfung, nicht zur Pflicht;

[1]) Dagegen neuerdings RGZ. 101, 38 = GRuU. 1921, 56 = MuW. XX, 161 (27. 11. 20).

[2]) Grundsätzlich verneinend neuerdings Starck in Mitteilungen 1920, 26.

der Wille des sich vertraglich bindenden Erfinders vermag es. Ebenso wie der Fabrikarbeiter, der durch Verarbeitung von fremden Stoffen eine neue Sache herstellt, Eigentum und Besitz nicht für sich selbst, sondern für den Fabrikanten erwirbt, so verschafft der technische Angestellte unmittelbar mit dem Einfall der Erfindung dem Betriebsinhaber und nicht sich selbst den Erfindungsbesitz[1]). Dies gilt allerdings nur, wenn der Angestellte bezüglich seiner eigenen Erfindungen den Weisungen seines Dienstherrn Folge zu leisten hat (§ 855 BGB.). Ob dies der Fall ist, regelt sich nach seinem Arbeitsvertrage[2]), mag dieser dem Privatrechte, oder so weit es sich um Beamte in staatlichen oder kommunalen Betrieben handelt, dem öffentlichen Rechte angehören. Soweit der Arbeitsvertrag besondere Bestimmungen darüber trifft[3]), wird ihre Auslegung entscheiden[4]). An dem Wortlaute darf sie natürlich nicht haften bleiben; heißt es, daß der Angestellte jede von ihm gemachte Erfindung auf den Dienstherrn zu übertragen habe, so ist deshalb nicht etwa nur ein obligatorischer Anspruch auf Übertragung eines in dem Angestellten bereits entstandenen Erfindungsbesitzes gemeint. Vielmehr hat der Angestellte dann vom Augenblicke der Erfindung an den sich auf sie beziehenden Weisungen des Arbeitgebers Folge zu leisten; er ist von vornherein Besitzdiener und nicht Erfindungsbesitzer. Anders liegt die Sache, wenn nach dem Vertrage der Angestellte seine Erfindung dem Dienstherrn anzubieten hat, der alsdann erst darüber entscheidet, ob er sie selbst verwerten oder sie dem Erfinder überlassen will. Hier ist letzterer von Anfang an Erfindungsbesitzer, und dem Arbeitgeber kann nur ein Anspruch auf Besitzübertragung zustehen[5]). Enthält der Anstellungsvertrag keine diesbezüglichen Bestimmungen, so entscheidet zunächst seine Dauer. Da er allein die Besitzdienerschaft begründen kann, so ist der Angestellte Erfindungsbesitzer, soweit er die Erfindung vor seinem Eintritt oder nach seiner Entlassung vollendet[6]). Für die während der Anstellungszeit ge-

[1]) RGZ. 56, 226 = Bl. 04, 363.

[2]) Kohler, Lehrbuch des Patentrechts S. 89.

[3]) RGZ. 84, 49.

[4]) Sofern sie nicht wucherisch und daher nichtig sind, Isay, Anh. Nr. 9; Seligsohn § 3 Nr. 23.

[5]) Vgl. RGZ. 31, 52 = Bl. 93, 358 = G. 10, 161; PA. in MuW. 14, 274; Seligsohn § 3 Nr. 23.

[6]) RG. im Bl. 03, 227; Isay, Anh. Nr. 9.

machten Erfindungen sind die Grundsätze, wann dem Dienstherrn die Erfindung zukommt, d. h. der Angestellte als Besitzdiener zu gelten hat, oder dem Angestellten selbst, er also als Erfindungsbesitzer anzusehen ist, in Literatur und Rechtsprechung eingehend entwickelt. Hierfür sei auf die Kommentare verwiesen[1]), die die Nachweise im einzelnen enthalten.

Wie die Frage des Erfindungsbesitzes überhaupt, gewinnt die Angestelltenerfindung patentrechtlich Bedeutung für die Entnahme und das Vorbenutzungsrecht. Für die Anmeldung und Patenterteilung ist sie zunächst gleichgültig. Denn wenn der Angestellte seine Erfindung für sich anmeldet, obwohl sie nach dem Vertrage dem Arbeitgeber zukommt, so dokumentiert er durch die Anmeldung den eigenen Erfindungsbesitz und hat daher Anspruch auf Erteilung des Patents. Da er aber vereinbarungsgemäß als Besitzdiener zu gelten hatte, erwirbt er den Erfindungsbesitz ohne Willen seines Arbeitgebers. Dieser ist der ursprüngliche Erfindungsbesitzer, weil er als solcher bereits im Augenblick der Erfindung gemäß dem Arbeitsvertrage entstanden ist. Die spätere Sinnesänderung des Angestellten kann, solange der Vertrag Bestand hat, die Entstehung des Erfindungsbesitzes in der Person des Arbeitgebers nicht ausschließen. Denn hierfür kommt es auf den Willen des Angestellten nicht mehr an. Auch der aus fremden Stoffen die neue Sache herstellende Fabrikarbeiter kann die Entstehung des Eigentums in der Person seines Fabrikherrn gemäß § 950 BGB. nicht hindern, selbst wenn sein Wille darauf gerichtet sein sollte. Der die Erfindung anmeldende Angestellte ist daher Entnehmer „ohne Einwilligung", es finden Einspruch und Nichtigkeitsklage seitens des Prinzipals statt. Ein Bedenken dagegen kann auch nicht aus der Fassung der §§ 3 II, 10 I Ziff. 3 PG. hergeleitet werden, weil dort Entnahme aus den Beschreibungen, Zeichnungen, Modellen, Gerätschaften oder Einrichtungen eines anderen oder aus einem von diesem angewendeten Verfahren vorausgesetzt werde, es bei der Angestelltenerfindung daran aber fehle, sofern die Erfindung eine Verkörperung bis zu ihrer Anmeldung durch den Angestellten noch nicht erfahren habe. Denn selbst wenn man annehmen will, daß die Aufzählung der

---

[1]) Isay, Anh. Nr. 9; Kent § 1 Nr. 317 ff.; Seligsohn § 3 Nr. 23; Stern-Oppenheimer S. 86 f.

Entnahmemöglichkeiten in diesen Paragraphen erschöpfend[1]) ist, so wird man die im Betriebe begründete Besitzdienerschaft wohl als Einrichtung eines anderen ansehen dürfen, ebenso wie man die Möglichkeit mündlicher Beschreibungen fast allseits anerkannt hat[2]).

Anders liegt dagegen der Fall, in dem der Angestellte seine Erfindungen dem Dienstherrn erst anzubieten hat. Da er hier zunächst selbst Erfindungsbesitzer ist und diese Stellung nur mit dem Verlust des Erfindungsgeheimnisses endigt, kann er die Erfindung gar nicht „entnehmen". Meldet er sie vertragswidrig vor der Entscheidung des Arbeitgebers an, so mag dieser aus dem Vertrage statt der Erfindung die Abtretung des an ihre Stelle getretenen Erteilungsanspruchs oder des Patents vor den ordentlichen Gerichten verlangen. Die possessorischen Rechtsbehelfe vor dem Patentamt kommen nicht in Frage, weil eine Besitzentziehung nicht vorliegt.

Entsprechendes gilt für das Vorbenutzungsrecht. Dem Angestellten, der als Besitzdiener zu gelten hat, kommt ein solches auf Grund seiner erfindenden Tätigkeit nicht zu. Erst wenn er die Erfindung für sich in Benutzung nimmt, also nicht nur im Betriebe seines Prinzipals als dessen Angestellter[3]), erlangt er die Rechte des § 5 PG., sofern ein Dritter auf sie ein Patent erhält. Seinem anmeldenden Arbeitgeber gegenüber kann er wegen der Fehlerhaftigkeit seines Erfindungsbesitzes ein Vorbenutzungsrecht nicht geltend machen.

§ 31.

Gegen die entwickelte Lehre vom Erfindungsbesitz hat im Schrifttum Dunkhase[4]) so eingehend Stellung genommen, daß darauf im Zusammenhange eingegangen werden muß. Dunkhase führt aus, daß von Erfindungsbesitz nicht gesprochen werden könne, weil eine Besitzentziehung überhaupt nicht denkbar sei; denn durch die

[1]) Dagegen und für den exemplifikatorischen Charakter Werneburg in Mitteilungen 1919, 32.

[2]) Dunkhase, Erfinderrecht S. 17 bezeichnet dies als Nachteil der Besitztheorie, überwindet aber selbst die in §§ 3 II und 10 I Ziff. 3 steckende Schwierigkeit nur mit der m. E. gekünstelten Annahme (S. 46), daß die vom ungetreuen Angestellten gefertigte Patentanmeldung eine fremde Beschreibung enthalte.

[3]) RGZ. 56, 227 ff. = Bl. 04, 364.

[4]) Das Erfinderrecht nach dem Patentgesetze S. 2 ff., 22 ff. Neuerdings ähnlich Starck in Mitteilungen 1920, 26. S. auch Adler in Goldschmidts Zeitschr. 65, 240 f.

Entnahme verliere der ursprüngliche Erfindungsbesitzer nicht seine Kenntnis von der Erfindung, d. h. den Erfindungsbesitz[1]). Dies ist zutreffend. Aber auch wenn der einwilligungslose Besitzerwerb des einen Teils, die Entnahme, etwas anderes ist als der unfreiwillige Besitzverlust des anderen, so darf doch über dieser Verschiedenheit nicht die Ähnlichkeit verkannt werden; und es handelt sich ja nicht um eine unterschiedslose unmittelbare Anwendung der Besitzregeln auf die Erfindung, sondern nur um eine entsprechende Übertragung. Die Besitztheorie hat dabei aber vom Sachbesitze, nicht wie Dunkhase[2]) meint, vom Rechtsbesitze auszugehen[3]). Vom „Besitze eines Erfinderrechts"[4]) kann schon deshalb nicht die Rede sein, weil vom Standpunkte der Besitztheorie geleugnet werden muß, daß es ein Erfinderrecht überhaupt gibt. Besessen wird zunächst die Erfindung als ein Gegenstand der Tatsachenwelt, nicht als etwas durch Rechtsnormen Geschütztes. Eine andere Frage ist, ob der Erfindungsbesitz als „Recht" anzusprechen ist, worauf im folgenden einzugehen sein wird. Dadurch wird aber die besessene Erfindung ebensowenig zum Rechte, wie durch Anerkennung der Rechtsnatur des Sachbesitzes die Sache zum Recht wird. Die abweichende Auffassung Dunkhases gründet sich anscheinend auf die Isayschen[5]) Ausführungen, die allerdings zum mindesten mißverständlich sind. Wenn Isay beispielsweise sagt, daß bezüglich der noch nicht angemeldeten Erfindung von einem Besitzschutz neben dem Rechtsschutz nicht die Rede sein könne, so hätte es zutreffend umgekehrt heißen müssen, daß im allgemeinen ein besonderer Rechtsschutz (negatoria, vindicatio) neben dem Besitzschutz (Einspruch, Nichtigkeitsklage) nicht stattfindet, wie im folgenden Paragraphen dargelegt werden wird. Soweit Dunkhase sich also gegen die Auffassung vom Rechtsbesitze und vom Rechte auf Anmeldung seitens jeden Besitzers, auch des unredlichen, wendet, trifft er nicht die Besitztheorie in dem hier verstandenen Sinne, die in der Anmeldungsbefugnis nur eine bloße Möglichkeit sieht. Wenn Dunkhase[6]) ferner

[1]) Erfinderrecht S. 3; GRuU. 07 S. 214.

[2]) Erfinderrecht S. 4.

[3]) Vgl. auch Isay, Anh. Nr. 3.

[4]) Dunkhase, Erfinderrecht S. 7, 8, 9.

[5]) Anhang Nr. 3.

[6]) Erfinderrecht S. 10; GRuU. 07, 216; MuW. XIX, 140. Ebenso die Rechtspr. vgl. PA. in MuW. X, 288 f. und die dort zitierten Entscheidungen.

unter Entnahme nicht den durch Kenntniserwerb verursachten Eingriff in den fremden Besitzstand, sondern die unerlaubte Anmeldung als solche versteht, so muß er zunächst selbst zugeben, daß der in § 3 II PG. gebrauchte Ausdruck „entnommen" die Vorstellung nahelegt, es handele sich um zwei getrennte Vorgänge: die Entnahme und die darauffolgende Anmeldung. Will er aber trotzdem den Wortlaut des § 3 II PG. für sich geltend machen, der angeblich Entnahme und Anmeldung als einen einzigen Vorgang dem Einspruch gegenüberstelle, so übersieht er folgendes: Nach seiner Auffassung hätte der Paragraph zum mindesten lauten müssen: „wenn die Anmeldung ihren wesentlichen Inhalt entnimmt". Heißt es dagegen: „wenn der wesentliche Inhalt seiner Anmeldung entnommen ist", so sind Entnahme und Anmeldung ebensowenig gleichbedeutend wie in dem Satze: „Der Inhalt der Diebestasche ist entnommen" die Tasche eine Entnahme darstellt.

Die Unhaltbarkeit der Besitztheorie versucht Dunkhase im weiteren durch folgende drei Beispiele zu belegen.

1. Ein Professor teilt im Kolleg seinen Studenten eine Erfindung mit, die sich darüber Aufzeichnungen machen. Wenn nun ein Unbeteiligter dem Kollegheft eines Studenten die Erfindung entnimmt und sie zum Patente anmeldet, so hat nach der Besitztheorie lediglich der Student und nicht der Professor Einspruch und Nichtigkeitsklage; ja der Professor vermöchte nicht einmal durch Einigung mit dem Entwender diese für den Studenten gegebenen Rechtsbehelfe auszuschließen[1]). Der Student hätte sogar selber nach der Besitztheorie die Erfindung anmelden und ein gültiges Patent darauf erlangen können[2]), was ein ganz unhaltbares Ergebnis sei. Bei Beurteilung dieses Falles erwäge man zunächst, daß ein kluger Erfinder bis zur Anmeldung seine Erfindung geheimhalten wird[3]), der Unkluge aber nicht stets des Rechtsschutzes würdig erscheint. Verliert nicht auch der Professor die Möglichkeit seiner eigenen Anmeldung, wenn der Student oder dessen Entnehmer die Erfindung veröffentlichen, und bleibt sie ihm denn etwa durch die von Dunkhase gewährte Nichtigkeitsklage gewahrt? Das allgemeine bürgerliche Recht schützt den Professor viel besser, als das

[1]) Erfinderrecht S. 11. Vgl. über diesen Fall auch MuW. XIX, 139ff.
[2]) Erfinderrecht S. 12.
[3]) So Dunkhase selbst: Erfinderrecht S. 26.

PG. es selbst nach der Dunkhaseschen Auffassung vermöchte. Meldet der Student die Erfindung selbst an, so fügt er nicht nur dem Professor vorsätzlich[1]) in einer wider die guten Sitten verstoßenden Weise Schaden zu, sondern er verletzt auch in der Regel die ihm vertraglich obliegende, sich aus dem Lehrverhältnis ergebende Geheimhaltungspflicht. Er haftet demnach auf Schadensersatz; der Professor kann Übertragung des Patents auf sich verlangen und es selber ausbeuten, oder wenn er es der Öffentlichkeit zugute kommen lassen wollte, darauf verzichten. Wird aber dem Studenten die Erfindung entwendet und meldet sie der Dieb an, so wird allerdings dem Studenten die ihm obliegende Geheimhaltungspflicht unmöglich gemacht. Er erlangt aber durch den gleichen Umstand als Ersatz das Einspruchs- und Nichtigkeitsklagrecht gegen den Dieb, dessen Abtretung der geschädigte Professor von ihm gemäß § 281 BGB. fordern kann[2]). Der Professor kann sich daher entgegen der Annahme Dunkhases durchaus mit dem Entwender einigen und diesen gegenüber dem Studenten schützen; denn eine solche Einigung enthielte auf seiten des Professors die Abtretung desjenigen Anspruchs an den Entwender, den der Professor gegen den Studenten auf Übertragung des Einspruchs- und Nichtigkeitsklagrechts hat; nach erfolgter Einigung steht dem Diebe eine rechtszerstörende Einrede gegenüber der Klage des Studenten zu.

2. Diese Anwendungsmöglichkeit des § 281 BGB. übersieht Dunkhase auch in dem zweiten von ihm gegebenen Fall[3]), der die Verfehltheit der Besitztheorie dartun soll. Hat der Erfinder zwei verschiedenen Gewerbetreibenden zum Zwecke geheimer Benutzung seine Erfindung gegen Entgelt mitgeteilt, und meldet nun ohne Wissen des einen Prinzipals dessen Angestellter die Erfindung für sich selbst zum Patent an, so soll nach der Besitztheorie nur der Prinzipal, nicht aber der Erfinder und der andere Gewerbetreibende zum Einspruch und zur Nichtigkeitsklage befugt sein; gerade der Erfinder sei aber geschädigt und nicht die Gewerbetreibenden, für die durch Ausübung ihrer Lizenz ein Vorbenutzungsrecht entstanden sei. Hierbei wird zunächst der § 278

---

[1]) Eventualdolus genügt. Zu eng anscheinend Dunkhase, Die patentfähige Erfindung S. 60.

[2]) So erledigt sich auch der Isaysche Fall, Anhang Nr. 5, ohne Annahme eines mittelbaren Besitzes.

[3]) Erfinderrecht S. 13 f.

BGB. nicht beachtet, der den Prinzipal für das Verschulden seines Angestellten auf Schadensersatz aus dem geschlossenen Lizenzvertrage gegenüber dem Erfinder haften läßt. Dieser kann als Ersatz die Abtretung des Einspruchs- und des Nichtigkeitsklagrechts von dem Prinzipal verlangen. Dasselbe Ergebnis läßt sich auf dem Umwege über § 281 BGB. erreichen, da dem Lizenznehmer durch die Anmeldung seines Angestellten die ihm obliegende Geheimhaltungspflicht unmöglich geworden ist. Dies ist bedeutsam, sofern die Entwendung nicht von dem Angestellten, sondern von einem Dritten verübt wird. Im übrigen ist nach erfolgter Patenterteilung dem Erfinder in diesen Fällen mit der Nichtigkeitsklage gegen das bereits erteilte Patent nicht gedient, sondern er wird auf Abtretung desjenigen Anspruchs seitens des Prinzipals klagen, den dieser gegen seinen Angestellten hat, und der auf Übertragung des erhaltenen Patents gerichtet ist.

3. Der dritte von Dunkhase gegebene Fall[1]) bezieht sich darauf, daß eine Anmeldung nach erfolgter Bekanntmachung als zurückgenommen gilt, weil die erste Jahresgebühr versehentlich nicht rechtzeitig entrichtet wurde. Nach der Besitztheorie könne hier jeder, der von der Erfindung durch die Bekanntmachung Kenntnis erhalten habe, sie nunmehr zum Patent anmelden, ohne daß der Erfinder hiergegen geschützt sei. Wenn Dunkhase dies unbefriedigend nennt, so ist vom Standpunkt der Theorie des Geheimnisbesitzes folgendes zu erwidern: Diese Entscheidung ist nur dann zutreffend, sofern man mit der bedenklichen[2]), an dem Wortlaut des § 2 PG. haftenden Praxis die Bekanntmachung nicht als neuheitsschädlich ansieht. Nimmt man dagegen mit Kohler[3]) an, daß die Veröffentlichung des Auszugs im Reichsanzeiger in Verbindung mit der Auslegung beim PA. (§ 23 II, III) als Beschreibung in einer öffentlichen Druckschrift zu gelten habe, so kommt auch nach geschehener Zurücknahme eine neue Anmeldung nicht mehr in Frage, da die Erfindung Gemeingut geworden ist. Aber selbst wenn man sich auf den Standpunkt der Praxis stellt und die spätere Erteilung eines Patents noch für möglich erachtet, so ist zu erwägen, daß das von Dunkhase als

---

[1]) Erfinderrecht S. 14f.

[2]) Siehe auch Gutachten des I. Zivilsenats des RG. zum Entwurf eines PG. S. 10f.

[3]) Handbuch S. 188.

unbefriedigend bezeichnete Ergebnis auf grobem Verschulden des Erfinders beruht. Zunächst hat er vergessen, die Gebühren zu entrichten. Gilt die Anmeldung infolgedessen als zurückgenommen (24 I PG.), so hat er noch die Möglichkeit, nach erhaltener Mitteilung sofort seine Erfindung von neuem anzumelden. Unterläßt er aber auch dieses, und wird die Rücknahme bekanntgemacht (§ 27 II PG.), so kann er sich nicht beschwert fühlen, wenn jetzt ein anderer die Erfindung anmeldet und geschützt erhält. Er hat dies seiner doppelten Nachlässigkeit und nicht der Besitztheorie zuzuschreiben.

Dunkhase sucht nicht nur die Nachteile dieser Lehre nachzuweisen, sondern er leugnet auch ihre Vorzüge, insbesondere mit Rücksicht auf die Angestelltenerfindung. Gleich der Besitztheorie nimmt auch er den unmittelbaren Anfall der Angestelltenerfindung an den Geschäftsherrn an; er glaubt dies aber, vom Auftragsverhältnis ausgehend, damit erklären zu können[1]), daß der Geschäftsherr, der den Betrieb zur Verfügung gestellt habe, zwar vielleicht nicht als Erfinder, wohl aber als Urheber der Erfindung anzusehen sei. Hierbei wird zunächst übersehen, daß der Anteil des erfinderischen Angestellten an der Erfindung die Mitwirkung des Prinzipals weitaus überragen kann und alsdann zum mindesten gemeinschaftlicher Erwerb stattzufinden hätte[2]). Es müßte nach Dunkhases urheberrechtlicher Auffassung dem Prinzipal auch die Erfindung zukommen, zu der ein kaufmännischer Angestellter durch den Betrieb angeregt wird, was Dunkhase indessen nicht annimmt[3]). Das Auftragsverhältnis erscheint als Ausgangspunkt für die Angestelltenerfindung um deswillen ungeeignet, weil es zwar einen obligatorischen Anspruch auf Übertragung, nicht aber den unmittelbaren Anfall der Erfindung an den Geschäftsherrn erklären kann[4]). Dies vermag nur die Annahme der Besitzdienerschaft. Bei Durchführung des Mandatsgedankens erscheint es ferner nicht folgerichtig, wenn Dunkhase gleich der von ihm so scharf befehdeten Besitztheorie annimmt[5]), der Geschäftsherr müsse einen Betrieb besitzen, eine

[1]) Erfinderrecht S. 18ff., die patentfähige Erfindung S. 72ff.
[2]) Siehe auch Erfinderrecht S. 34.
[3]) Die patentfähige Erfindung S. 75.
[4]) Vgl. auch Stern-Oppenheimer § 3 Nr. 74.
[5]) Erfinderrecht S. 21 im Gegensatz zu S. 18.

vertragliche Abmachung mit dem Gehilfen vermöge diesen nicht zu ersetzen.

Was schließlich Dunkhases eigene Urheberrechtstheorie angeht, so verkennt sie zunächst wie jede analoge Übertragung der autorrechtlichen Grundsätze auf das Patentrecht[1]) den bedeutsamen Unterschied zwischen Urheber- und Erfinderrecht. Schrift und Kunstwerk einerseits und Erfindung anderseits sind sowohl ihrer Bestimmung nach wie im Verhältnis zu ihrem Schöpfer durchaus verschieden. Dort eine an das Gefühl sich wendende einmalige Formengestaltung, hier eine für den Verstand bestimmte technische Regel, die in vielfachen Formen zur Anwendung gelangen kann! Das Kunstwerk ist und bleibt innig mit der Persönlichkeit seines Schöpfers verbunden. Die Erfindung löst sich dagegen vom Erfinder fast los. Gelangt sie nicht zur praktischen Anwendung, so hat sie als niemals befolgte Regel ihren Zweck verfehlt. Das Kunstwerk indessen erreicht seine metaphysische Bestimmung mit dem Heraustreten aus seinem Schöpfer; ob es jemals wahrgenommen wird, erscheint gleichgültig[2]). Es ist deshalb kein Zufall, sondern sachlich wohl begründet[3]), daß im LitUG., KunstUG. und MustG. (1876) gleich im Eingangsparagraphen der Schutz des Urhebers ausdrücklich ausgesprochen wird, während PG. und GMG. den Urheber oder Erfinder mit keinem Worte erwähnen. Diese bewußte Abweichung im gesetzlichen Aufbau, die in der verschiedenen Fassung der beiden Mustergesetze besonders scharf zum Ausdruck gelangt, müßte m. E. die Wissenschaft des deutschen gewerblichen Rechtsschutzes zum Ausgangspunkt nehmen, statt durch die an sich richtige Erwägung, daß der Erfindungsschutz letzten Endes um des Erfinders willen gegeben sei, den Unterschied zu verwischen. Auch der Umstand, daß vielfach im ausländischen und besonders im österreichischen Recht der Erfinder als solcher geschützt wird, sollte um so schärfer

1) Die umgekehrte Übertragung patentrechtlicher Grundsätze auf das Urheberrecht lehnt ab RGZ. 82, 17f.

2) Vgl. auch RGZ. 82, 18. Damme, Schutz technischer Erfindungen S. 26f., 81f., 90. Isay, Das Erfinderrecht S. 7. Grundsätzlich abweichend viele, insbesondere Mittelstaedt, Das Recht des Erfinders, und Riezler, Deutsches Urheber- und Erfinderrecht.

3) Abweichend Mittelstaedt aaO. S. 230 und in GRuU. 1911 S. 88, der dies für rückständig und für Überbleibsel vergangener Rechtsepochen hält.

hervortreten lassen, daß das deutsche Recht nur den Erfindungsbesitzer kennt.

Die Urheberrechtstheorie hat aber auch im einzelnen Mängel[1]). Sie erklärt nicht, warum der Entnehmer einer Erfindung ein Patent erhält, wenn der Mangel seiner Berechtigung sich bereits aus der Anmeldung ergibt[2]), und warum nicht auch ein anderer Erfinder als gerade der Bestohlene zum Einspruch und zur Nichtigkeitsklage befugt ist. Unverständlich erscheint, wieso nach der Urheberrechtslehre bereits mit Entstehung der Erfindung Träger des Erfinderrechts und der Erfinderehre verschiedene Personen sein können[3]). Die Theorie führt zu dem gesetzwidrigen, aber von Dunkhase[4]) gebilligten Ergebnis, daß im Fall der Entnahme nur derjenige Bestohlene Einspruch und Nichtigkeitsklage erheben kann, der zugleich das Urheberrecht besitzt. Deshalb soll im patentamtlichen Verfahren der Entnehmer die erfolgte Entnahme aus dem Besitze des Einsprechenden oder Nichtigkeitsklägers zwar zugestehen können, dennoch aber am wirksamen Bestreiten der Aktivlegitimation nicht gehindert sein. Diese auch von der gemeinen Meinung abgelehnten Folgerungen erscheinen unzutreffend. Zuzugeben ist Dunkhase lediglich, daß der Schutz der Erfindung letzten Endes in urheberrechtlichen Gesichtspunkten wurzelt. Das PG. hat ihn aber derart ausgestaltet, daß als Typus des Erfinders der Erfindungsbesitzer erscheint und jener nur in diesem geschützt ist.

§ 32.

Als Geheimnis genießt der Erfindungsbesitz dessen Schutz. Soweit eine unerlaubte Handlung, insbesondere norm- oder sittenwidrige Verletzung des Geheimnisbesitzes (§§ 823 II, 826 BGB., 1 UWG.) vorliegt, findet die Schadensersatzklage, und wenn die Wiederholungsgefahr gegeben ist, auch der Unterlassungsanspruch statt. Wegen der gewerblichen Verwertbarkeit der Erfindung und ihrer Zugehörigkeit zum Vermögen des Besitzers ist ferner bei wissentlicher Verletzung der Anspruch aus unechter Geschäftsführung (§ 687 II BGB.) mit seinen Hilfsansprüchen gegeben. Bei man-

[1]) Vgl. auch de lege ferenda Isay, GRuU. 1919, 43 ff.

[2]) Dunkhase, GRuU. 07, 216.

[3]) So Dunkhase, Die patentfähige Erfindung 70 Nr. 72; MuW. XIX, 143.

[4]) GRuU. 07 S. 218; Erfinderrecht 42 ff.; MuW. XIX, 141.

gelndem Verschulden des Verletzers werden rechtlose Vermögensverschiebungen durch den Bereicherungsanspruch ausgeglichen, sofern die oben im § 18 dargestellten besonderen Voraussetzungen vorliegen.[1]) Außer durch diese allgemeinen Rechtsbehelfe des Geheimnisses wird der Erfindungsbesitz gegenüber der Anmeldung und dem Patente eines anderen durch Einspruch, Nichtigkeitsklage und Vorbenutzungsrecht geschützt. Über diesen Rahmen hinaus könnte eine Sicherung des Erfindungsbesitzes mangels spezieller gesetzlicher Bestimmungen nur in Frage kommen, sofern er ein subjektives Privatrecht darstellt und daher dessen durch das bürgerliche Recht gewährten Schutz genießt. Die in Rechtsprechung[2]) und Schrifttum herrschende[3]) Meinung nimmt dies an. Sie hält das sog. „Erfinderrecht" für ein absolutes[4]) oder zum mindesten unvollkommen[5]) absolutes Recht. Gierke[6]) faßt es als Persönlichkeitsrecht auf, Kohler[7]) zerlegt es in eine individual- und in eine immaterialrechtliche Sphäre, und die auf seinen Forschungen beruhende Praxis betont vor allem die letztere Seite[8]). Fast einstimmig[9]) wird angenommen, daß ihm, wie jedem absoluten Rechte die negatorische Abwehrklage gegen Störungen entspringe (§§ 1004 BGB.); daneben wird ein der rei vindicatio entsprechender Anspruch auf Herausgabe[10]) gewährt; die Übertragung soll nach den Grund-

[1]) An diesen fehlte es z. B. in der ZIndrR. 1917, 136 abgedruckten RG.-Entscheidung, deren Gründe indessen, über den Einzelfall hinausgehend, den Bereicherungsanspruch für die unangemeldete Erfindung unter entsprechender Anwendung der zum § 35 PG. entwickelten Rechtsprechung grundsätzlich ausschließen. Ebenso Isay, Anhang Nr. 30.

[2]) RGZ. 29, 49; 37, 41; 75, 228 = Bl. 1911, 218; 77, 82; 83, 41. Vgl. über die Rechtspr. des RG. auch Molly in ZIndrR. 1914, 119.

[3]) Abweichend Osterrieth, Lehrbuch des gewerblichen Rechtsschutzes S. 79ff.; Hagens „Wesen und Schutz des Erfinderrechtes", Leipziger Diss. 1911 S. 20ff., der aber zu Unrecht leugnet, daß das RG. ein subjektives Erfinderrecht anerkennt.

[4]) Seligsohn § 3 Nr. 4.

[5]) Kohler, Handbuch S. 248, 261; Isay, Anhang Nr. 16.

[6]) Privatrecht I 854ff.

[7]) aaO.; ähnlich Allfeld § 1 Nr. 10a.

[8]) Isay, Anhang Nr. 1; Stern-Oppenheimer § 1 Nr. 5.

[9]) Anders anscheinend Stern-Oppenheimer S. 4 Nr. 5, womit aber die Annahme eines Immaterialrechts nicht im Einklang stehen dürfte.

[10]) Kohler, Handbuch 253 § 102; etwas abweichend Isay, Anhang Nr. 26.

sätzen der Übertragung von Rechten[1]), also durch formlosen Vertrag (§§ 413, 398 BGB.) geschehen. Trotz ihrer allgemeinen Verbreitung[2]) erscheint diese Auffassung sowohl nach ihren Voraussetzungen wie nach ihren Folgen unzutreffend. Schon sprachlich geht der Ausdruck „Erfinderrecht" fehl; nicht auf dem Erfinder, sondern auf die Erfindung kommt es an, da sämtliche aus dem Erfindungsbesitz fließenden Befugnisse und Rechte nicht nur dem Erfinder, sondern jedem Besitzer zustehen. Da dies auch für den Dieb gilt, so müßte aus der gemeinen Meinung gefolgert werden, daß der Entwender des „Rechts" an diesem dasselbe Recht hat wie der Bestohlene, eine offensichtlich widersinnige Annahme! Die Wirkungen mögen ferner zwar aus der Natur des absoluten Rechts logisch entwickelt sein; sie stehen aber im Widerspruch mit den Tatsachen des Lebens. Ein Herausgabeanspruch nach Art der rei vindicatio ist bezüglich des Erfindungsbesitzes nicht denkbar, weil der Beklagte den erworbenen Besitz, die ihm innewohnende Wissensmacht, gar nicht aufgeben kann. Auch eine die negatorische Abwehrklage begründende Störung des Erfindungsbesitzes ist in dem Besitze eines anderen nicht zu finden, da die mehrfache Besitzmöglichkeit dem Geheimnis gerade eigentümlich ist. Und schließlich ist es auch nicht zutreffend, daß das Erfinderrecht oder der Erfindungsbesitz durch einfachen Abtretungsvertrag übertragen wird. Wenn es in einem solchen heißen sollte: „Der Erfinder A. tritt sämtliche Rechte aus der von ihm am heutigen Tage gemachten Erfindung betreff der Herstellung künstlichen Indigos an B. ab", so erlangt B. weder Erfinderrecht noch Erfindungsbesitz, sofern ihm nicht A. die Erfindung mitteilt. Da er die Erfindung nicht kennt, kann er sie weder zum Patente anmelden noch übertragen noch an ihr ein Vorbenutzungsrecht begründen, obwohl doch für die Übertragung sonstiger Rechte eine entsprechend formulierte Abtretungserklärung genügen würde. Zu welch seltsamen Unstimmigkeiten diese Ansicht bei Annahme des Erfindungsbesitzes führt, zeigt die Isaysche[3]) Behandlung des Problems. Trotzdem Isay die Lehre vom Erfindungsbesitz doch gerade selbst begründet hat, leitet er die negatorische Abwehrklage aus § 1004 BGB., dem Eigentume, statt aus § 862, dem Besitze,

[1]) Seligsohn S. 78; RG. in JW. 96, 192.

[2]) Weitere Nachweise bei Hagens aaO.; Adler in Goldschmidts Zeitschr. 65, 214. [3]) Anhang Note 25, 26.

ab[1]). Obwohl er ausdrücklich betont, daß die Abwehrklage des § 1004 nur bei Beeinträchtigungen gegeben ist, die keine Entziehung oder Vorenthaltung des Besitzes bedeuten, gewährt er sie gerade für den Fall der Entnahme. Den negatorischen Unterlassungsanspruch hält er nicht für erzwingbar (§ 890 ZPO?), sondern läßt daraus nur die Schadensersatzpflicht erwachsen. Der Anspruch hierauf erscheint ihm als Anspruch auf Herausgabe. Für diesen sollen die Vorschriften des Eigentumsanspruchs (§ 985 ff. BGB.) gelten, und zwar nicht nur vom Eintritt der Rechtshängigkeit an auf dem Umwege über §§ 249, 292 BGB., sondern merkwürdigerweise auch für den Fall der Bösgläubigkeit[2]). Die Künstlichkeit dieser Konstruktion ist um so auffallender, als dies Ergebnis sich durch eine analoge Anwendung der rei vindicatio viel einfacher begründen ließe als mittels der negatoria.

In Wirklichkeit gibt es zum Schutz des Erfindungsbesitzes weder den einen noch den anderen Anspruch[3]), da es an einem absoluten Rechte im gewöhnlichen Sinne fehlt. Allerdings treffen die Gründe, die gegen die Rechtsnatur des gewöhnlichen technischen Geheimnisses und des Betriebsgeheimnisses sprachen, auf den Erfindungsbesitz nicht zu. Über deren Rahmen hinaus hat er rechtliche Bedeutung. Seine Fähigkeit, bis zum Patentschutz gesteigert zu werden, unter Umständen die Grundlage des Vorbenutzungsrechtes zu bilden, die durch das PG. gewährten possessorischen Rechtsbehelfe auszulösen, lassen ihn als eine besonders geschützte Rechtsposition erscheinen. Er ähnelt auch hierin durchaus dem Sachbesitze. Wie bei diesem ist es theoretisch zweifelhaft, ob er nur als eine besonders ausgestaltete Rechtsstellung oder als ein wirkliches subjektives Recht anzusehen ist. Praktisch wichtig ist vor allem, daß er wie dieser als ein „sonstiges Recht" im Sinne des § 823 BGB. anerkannt zu werden verdient[4]). Nur muß vor einem Irrtume gewarnt werden. Der § 823 nennt als Rechtswirkung nur den Schadensersatzanspruch. Trotzdem „ist außer Zweifel und wird allgemein angenommen"[5]),

---

[1]) Dagegen mit Recht Stern-Oppenheimer, Einl. Nr. 27.

[2]) Der von ihm zitierte § 990 BGB. ist im Falle des § 292 BGB. unanwendbar. [3]) Im Ergebnis ebenso Aehnelt, ZIndrR. 1912, 218.

[4]) Vgl. Gutachten des I. Zivilsenats des RG. zum Entwurf eines PG. S. 49. Abweichend Stern-Oppenheimer, Einl. Nr. 21.

[5]) RGRäte vor § 823 Nr. 6 I.

daß sämtlichen „sonstigen Rechten" des § 823 der negatorische Unterlassungsanspruch entspringt. Eine entsprechende Anwendung der abwehrenden Eigentumsklage (§ 1004) kann aber nur da Platz greifen, wo es sich um die Ausfüllung einer Lücke handelt, das Gesetz also nicht selber den negatorischen Rechtsbehelf ausdrücklich regelt. Letzteres ist, wie bezüglich des Namensrechtes (§ 12 BGB.), auch bezüglich des Besitzes geschehen. Man kann die Bestimmungen der §§ 862ff. BGB., z. B. die einjährige Ausschlußfrist (§ 864), nicht dadurch umgehen, daß man auf dem Umwege über § 823 I die Grundsätze des § 1004 anwendet. Dies für den Sachbesitz zweifellose Ergebnis muß folgerichtig auch für den Erfindungsbesitz gelten. Was dort die §§ 861ff. BGB. bedeuten, sind hier die §§ 3 II, 24 II, 10 I Ziff. 3, 28 II PG. Der negatorische Charakter dieser possessorischen Rechtsbehelfe liegt zutage. Wegen der Teilbarkeit des Erfindungsbesitzes wird der ursprüngliche Erfindungsbesitzer durch den Bestand eines weiteren Besitzes an sich noch nicht gestört. Erst wenn der Entnehmer die Erfindung zum Patente anmeldet, wird er wegen des mit diesem verknüpften Ausschlußrechts zum „Störer". Auf Beseitigung des störenden Patents gehen Einspruch- und Nichtigkeitsklage, des störenden Ausschlußrechts das Vorbenutzungsrecht. Für die entsprechende Anwendung der Eigentumsfreiheitsklage, wie sie allgemein gebilligt wird, ist kein Raum mehr[1]).

§ 33.

Die Bedeutung des § 823 I BGB. erschöpft sich daher in seiner Schadensersatzfolge. „Wer vorsätzlich oder fahrlässig" den Erfindungsbesitz „eines anderen widerrechtlich verletzt, ist dem anderen zum Ersatz des daraus entstehenden Schadens verpflichtet". Dem Wortlaut nach würde leichte Fahrlässigkeit des Verletzers genügen[2]). Dagegen spricht aber die zu § 35 PG. gebotene Analogie. Wenn die Verletzung des vollkommeneren Patentschutzes nur bei grober Fahrlässigkeit zum Schadensersatze verpflichtet, so muß dieses erst recht für den unvollkommeneren Erfindungsbesitz gelten. Daher ist leichte Fahrlässigkeit nicht genügend.

---

[1]) Ähnlich Aehnelt, ZIndrR. 1912, 218f.

[2]) So Aehnelt aaO. Werneburg, ZIndrR. 1916, 223; Chr. Finger § 19 Nr. 3.

Eine Verletzung des Erfindungsbesitzes liegt nicht ohne weiteres in der Entstehung eines neuen. Selbst wenn dieser „entnommen" ist, besteht der ursprüngliche weiter fort. Da der Erfindungsbesitz als Wissensmacht einem äußeren Eingriff tatsächlich entzogen ist, kann sich die Verletzung nur gegen das Wesen der Erfindung als Geheimnis richten. Als solches erlischt der Erfindungsbesitz mit dem Eintritt der Offenkundigkeit, der im besonderen patentrechtlichen Sinne als Verlust der Neuheit zu verstehen ist. Als Verletzungen kommen demnach in Betracht die Veröffentlichung der Erfindung in Druckschriften und die offenkundige Benutzung im Inlande. Vor allem rechnet die Anmeldung der Erfindung zum Patente hierher, da das Erteilungsverfahren zur Bekanntmachung und Veröffentlichung und damit zur Zerstörung des Erfindungsbesitzes führt. Die Offenbarung braucht nicht unmittelbar durch den Verletzer erfolgt zu sein, sondern es genügt nach den allgemeinen Grundsätzen der adäquaten Verursachung, daß er die Bedingungen gesetzt hat, die nach der allgemeinen Erfahrung oder der besonderen Kenntnis des Verletzers im gewöhnlichen Laufe der Dinge den Verlust der Neuheit zu bewirken geeignet waren. Hierzu würde nicht nur die Veröffentlichung in einem Vortrage zählen, sondern bereits die Bekanntgabe an andere, wenn nicht besondere Vorsichtsmaßregeln getroffen werden. Geheime Benutzung im eigenen Betriebe dagegen verpflichtet nach § 823 I BGB. selbst dann nicht zum Schadensersatz, wenn es sich um eine „entnommene" Erfindung handelt[1]). Hier fehlt es an der Verletzung des fremden Erfindungsbesitzes.

Die Verletzung muß widerrechtlich den Erfindungsbesitz eines anderen betreffen. Die Ersatzpflicht tritt nicht ein, sofern es sich nur um die Betätigung des eigenen Erfindungsbesitzes handelt. Denn jeder Erfindungsbesitz gewährt sämtliche in ihm enthaltenen Befugnisse, ohne daß ein Besitzer zur Rücksichtnahme auf den anderen verpflichtet wäre. Wer aber die Besitzrechte ausübt, ist Erfindungsbesitzer, selbst wenn er es bis dahin nicht war. Wenn zwei Gesellschaften dasselbe patentwürdige Geheimverfahren anwenden, so kann nicht die eine den Angestellten der anderen auf Schadensersatz belangen, falls dieser die Erfindung veröffentlicht oder an-

[1]) Die „Entnahme ohne Einwilligung", welche schuldlos geschehen kann (vgl. oben § 27 S. 78 Nr. 1), ist an sich keine unerlaubte Handlung.

meldet. Denn galt der Angestellte auch vorher nur als Besitzdiener, so dokumentiert er doch durch die Veröffentlichung oder Anmeldung den eigenen, wenn auch durch Entnahme erlangten Erfindungsbesitz. Dies gilt selbst dann, wenn der Angestellte nicht nur grobfahrlässig handelte, sondern um den Erfindungsbesitz der Konkurrenzgesellschaft sogar wußte, sofern nur nicht Sittenwidrigkeit vorliegt. Denn ebensowenig wie die Konkurrenzgesellschaft die Tat seitens der Prinzipalin hätte hindern können, kann sie aus der dieser gegenüber erfolgten Entnahme Rechte herleiten. Dies wäre ein Anspruch ex iure tertii.

Daher kommt eine widerrechtliche Verletzung fremden Erfindungsbesitzes nur dann in Frage, wenn diesem gegenüber der eigene Erfindungsbesitz nicht anerkannt wird. Dies ist wegen der „Fehlerhaftigkeit" des Besitzes bei der „Entnahme ohne Einwilligung" gegenüber demjenigen der Fall, aus dessen Besitzstand die Erfindung entnommen ist. Die Bedeutung des § 823 BGB. gegenüber den possessorischen, patentrechtlichen Behelfen des Einspruchs und der Nichtigkeitsklage liegt zunächst darin, daß der Anspruch aus § 823 auch die unmittelbar oder mittelbar bewirkte Veröffentlichung in Druckschriften und die inländische offenkundige Benutzung trifft. Trotz der Beschränkung auf den Fall der Entnahme und trotz des Erfordernisses grober Fahrlässigkeit kann die Schadensersatzklage unter Umständen fast unbillig erscheinen, da die „Entnahme" selbst ja nicht schuldhaft zu geschehen braucht. Jemand wird versehentlich am Fernsprecher vom Amt mit zwei anderen sich unterhaltenden Teilnehmern verbunden, hört dabei von einer geheimen Erfindung und erzählt sie nachher im Bekanntenkreise. Der entlassene Angestellte, der mit Lösung seines Dienstverhältnisses vom Besitzdiener zum Erfindungsbesitzer aufsteigt und daher die Erfindung „ohne Einwilligung" entnimmt[1]), benutzt das patentwürdige Betriebsgeheimnis offenkundig in der eigenen, neu gegründeten Fabrik. Härten werden dadurch zu vermeiden sein, daß die Kenntnis oder grobfahrlässige Unkenntnis vor allem auf die bisher bestehende Patentfähigkeit und deren nunmehr eintretenden Verlust bezogen werden muß. Insbesondere wird auch der Grundsatz des Schuldausgleichs (§ 254 BGB.) zur Anwendung

[1]) Vgl. oben § 29 S. 87.

gelangen. Am Fernsprecher hat man, vor allem bei den heutigen Telephonverhältnissen, Vorsicht walten zu lassen; der Prinzipal mag sich im Arbeitsvertrage von seinen Angestellten Verschwiegenheit auch nach ihrer Entlassung ausdrücklich ausbedingen, ja sie vielleicht noch durch das Versprechen von Vertragsstrafen sichern[1]). Sonst hat er die Entstehung des Schadens mit verschuldet, und der Verletzer hat nur anteiligen Ersatz zu leisten. Immerhin bedarf der Feststellung, daß der Grundsatz, der Angestellte könnte nach seiner Entlassung die ihm bekanntgewordenen Betriebsgeheimnisse frei verwerten, hier eine weitere, bisher nicht beachtete Ausnahme erleidet. Nicht nur fehlt ihm die Befugnis zur Patentanmeldung[2]), sondern er hat darüber hinaus alles zu unterlassen, was den Erfindungsbesitz seines früheren Prinzipals zum Erlöschen bringen kann; vor allem darf die eigene Verwertung der patentwürdigen Betriebsgeheimnisse nicht offenkundig geschehen.

Der Umfang des zu ersetzenden Schadens bestimmt sich nach allgemeinen Grundsätzen. Naturalrestitution (§ 249 BGB.) ist, da der infolge der Verletzung erloschene Erfindungsbesitz nicht wiederhergestellt werden kann, nicht möglich. Der verletzte Erfindungsbesitzer ist daher in Geld zu entschädigen. Er kann aber auch die Herausgabe des durch die Verletzung Erlangten fordern, soweit Wissentlichkeit des Verletzers vorliegt, gemäß §§ 687 II, 681, 667 BGB., soweit das Erlöschen des Erfindungsbesitzes unmittelbar einen Ersatz oder einen Ersatzanspruch gewährt, gemäß § 281 BGB. Demnach kann der ursprüngliche Erfindungsbesitzer im Falle schuldhafter Entnahme vom Verletzer stets die Abtretung des erhaltenen Patents oder des Rechts aus der Anmeldung verlangen[3]), bei Wissentlichkeit auch die Herausgabe der Kaufsumme oder der Lizenzgebühren, die die Verwertung des Erfindungsbesitzes erbrachte (§ 687 II). Der Anspruch gehört vor die ordentlichen Gerichte, er verjährt, soweit er auf die unerlaubte Handlung gestützt wird, wie der Patentverletzungsanspruch (§ 39 PG.) in 3 Jahren (§ 852 BGB.). Er kann auch einredeweise geltend gemacht werden.

---

[1]) Vgl. RGZ. 65, 341.

[2]) Vgl. oben § 29 S. 87.

[3]) Über die zulässige Konkurrenz zwischen der Nichtigkeitsklage und der Klage auf Patentübertragung im Falle schuldhafter Entnahme vgl. Licht in Mitteilungen 1918, 41 und das dort abgedruckte RG.Urteil v. 27. 3. 18.

Der verletzte Erfindungsbesitzer hat gegenüber dem neu erworbenen Patente des schuldhaften Entnehmers ein vorbenutzungsähnliches Recht, ohne daß die besonderen Voraussetzungen des § 5 PG., stattgefundene oder vorbereitete Benutzung, gegeben zu sein brauchten (§ 853 BGB)[1].

Die Übertragung des Betriebsgeheimnisses und des Erfindungsbesitzes.

§ 34.

Die Übertragung des Geheimnisbesitzes spielt im Rechtsleben eine Rolle, soweit es sich um gewerblich verwertbare, technische Geheimnisse handelt. Insbesondere mit der Übertragung von Geheimverfahren, die für die chemische Industrie eine erhebliche Bedeutung besitzen, hat sich die Rechtsprechung der letzten Jahre zu befassen gehabt. Während sie vor 1900 dahinzielende Verträge als solche über Dienstleistungen anzusprechen gewohnt war[2], neigte sie nach Inkrafttreten des BGB. dazu, sie nach Kaufgrundsätzen zu beurteilen[3], um sie nunmehr neuerdings als unbenannte Verträge nur den allgemeinen Normen des Schuldrechts zu unterstellen[4]. Das richterliche Augenmerk war in allen diesen Fällen mehr auf den obligatorischen Vertrag gerichtet, der die Verpflich-

[1]) Das GMG. § 4 III hat diese Einrede ausdrücklich aufgenommen. Der Unterschied zum PG. liegt darin, daß im Patentrecht die Einrede nur bei schuldhafter Entnahme (unerlaubter Handlung § 853!) Platz greift, im Gebrauchsmusterrechte dagegen in jedem Falle auch bei schuldloser Entnahme. Dieser Unterschied, den Isay Anhang Nr. 26 wohl übersieht (zutreffend Kent § 4 Nr. 38), ist sachlich gerechtfertigt. Das nichtige Patent genießt den Rechtsschutz so lange, bis es für nichtig erklärt wird; dem nichtigen Muster entspringen dagegen keinerlei Ansprüche, auch wenn es noch nicht gelöscht ist. Gegenüber der Verletzungsklage des eingetragenen Inhabers kann deshalb im Musterrechte die Nichtigkeit stets einredeweise geltend gemacht werden, was im Patentrechte an sich ausgeschlossen ist. Die Einrede muß daher hier im Falle der Entnahme auf das bürgerliche Recht (§ 853) gestützt werden, was Verschulden des klagenden Entnehmers voraussetzt, während sie im Musterrechte aus der Nichtigkeit des entnommenen Musters ohne weiteres zulässig ist.

[2]) Bl. 93, 343 = G. 10, 186; GRull. 98, 369.

[3]) RGZ. 82, 155 = Bl. 1918, 39 = MuW. XII, 551 ff.; auch JW. 1911, 869 Nr. 33 und GRull. 99, 246 Nr. 2 = JW. 99, 189 Nr. 38.

[4]) RG. 4. 4. 14 Bl. 1914, 251 = JW. 14, 674 = Warn. 1914 Nr. 214.

tung zur Übertragung des Geheimnisses begründet, als auf den Erfüllungsakt selbst, der das Geheimnis unmittelbar überträgt. Dennoch ist jener von diesem abhängig, das Wesen des nachfolgenden Erfüllungsaktes bestimmt die rechtliche Natur des vorangehenden Verpflichtungsgeschäftes. Geschieht die Erfüllung, die eigentliche Übertragung des Geheimnisses, durch Leistung von Arbeit, so kann der darauf hinzielende Verpflichtungsvertrag keinen Kauf, kein Veräußerungsgeschäft darstellen; und umgekehrt kann das obligatorische Rechtsgeschäft kein Arbeitsvertrag sein, wenn es durch Veräußerung eines Gegenstandes erfüllt wird. Die logische Untersuchung muß daher das zeitlich spätere Erfüllungsgeschäft voranstellen, um dann nach dem gewonnenen Ergebnis den Verpflichtungsvertrag zu beurteilen. Obwohl für die Übertragung von Privat-, Staats- oder militärischen Geheimnissen die gleichen Regeln gelten, wird sich die Untersuchung im allgemeinen auf das technische Geheimnis beschränken dürfen, weil die Übertragung der übrigen Geheimnisse in der Regel nicht auf dem Boden des Privatrechtes erfolgt.

Die Übertragung des Geheimnisses ist bedingt durch die Beziehung, die zwischen dem Geheimnis und seinem Träger besteht: durch den Geheimnisbesitz. Dieser wird im eigentlichen Sinne übertragen. Daraus folgt, daß zur Übertragung fähig nur der Geheimnisbesitzer ist, und daß von einer Übertragung nur dann die Rede sein kann, wenn der Erwerber nachher als Geheimnisbesitzer erscheint. Selbstverständlich ist, daß man Geheimnisse, die man nicht besitzt, d. h. nicht kennt, auch nicht übertragen kann. Aber selbst der Stellvertreter im Besitze, der zwar Kenntnis, aber nicht den Besitz hat, ist zur Übertragung außerstande. Ist er nämlich Organ der juristischen Persönlichkeit und handelt für diese, so überträgt lediglich die Korporation das Geheimnis. Handelt er aber im eigenen Namen und Interesse, so gilt das gleiche, als ob der Besitzdiener das Geheimnis für sich verwertet und überträgt. Durch die Übertragung entnehmen Organ und Besitzdiener das Geheimnis von dem bis dahin vertretenen Besitzer und haben daher spätestens im Augenblicke der Übertragung selbst als Besitzer zu gelten. Nicht jede Mitteilung des Geheimnisses ist eine Übertragung in dem hier verstandenen Sinne; vielmehr ist nötig, daß der Erwerber Geheimnisbesitzer wird. Keine Übertragung des Geheimnisbesitzes liegt daher vor, soweit nur ein neuer Besitzdiener geschaffen wird; z. B. der neue Angestellte wird in das Betriebsgeheimnis eingeweiht. Ebenso fehlt es an einer Übertragung, wenn die Mitteilung des Geheimnisses Offenkundigkeit bewirkt; denn mit dem Erlöschen des Geheimnisses schwindet die Möglichkeit, daß ein neuer Geheimnisbesitzer entsteht.

Die Übertragung des Geheimnisbesitzes erfolgt durch Übertragung der tatsächlichen Gewalt über das Geheimnis. Was hierzu nötig ist, bestimmt sich nach der Lebensanschauung und der Natur des Geheimnisses. Häufig wird einfache Mitteilung genügen. Die Schwierigkeit verstandesmäßiger Erfassung, sprachlichen Ausdrucks (Modell, feindliche Festungsanlagen) und gedächtnismäßiger Bewahrung wird oft Schriftlichkeit und Zeichnung erfordern. Unter Umständen kann sogar eine Anlernung nötig sein, wenn ohne diese auf seiten des Erwerbers Kenntnis nicht begründet wird. Im übrigen gelten die Regeln des Sachbesitzes entsprechend. Dies erscheint naturgemäß, soweit sich das Geheimnis in Vorlagen, Vorschriften, Zeichnungen, Modellen, Schablonen, Schnitten, Rezepten, Beschreibungen, Gerätschaften oder Einrichtungen (§§ 18 UWG., 3 PG.) verkörpert. Gleichwohl kommt hier nur eine analoge Anwendung in Frage. Denn es brauchen zur Übertragung des Geheimnisses die Urkunden und Modelle nicht im Original übergeben zu werden, sondern es genügt die Aushändigung von Abschriften und Nachbildungen, soweit dem Verpflichtungsvertrage nicht ein anderes zu entnehmen ist. Auch sonst verträgt die Übertragung des Geheimnisses die entsprechende Anwendung der Sachbesitznormen. Insbesondere bedarf der Betonung, daß, wie im Sachenrechte zur Besitzübertragung regelmäßig der schlichte Vertrag nicht genügt, sondern es des Realaktes der Übergabe bedarf, gleiches bei allen Arten der Geheimnisse der Fall ist[1]). Die gemeine Meinung[2]) geht fehl, wenn sie dies bezüglich des von ihr konstruierten absoluten Erfinderrechts bestreitet. Ein solches gibt es neben dem Er-

---

[1]) Im Ergebnis ebenso Isay Anh. Nr. 17, der aber getreu seiner Grundanschauung, daß der Erfindungsbesitz die Grundlage eines besonderen Immaterialrechts an der Erfindung sei, unter Betonung des letzteren statt der Besitzregeln die Vorschriften über den Erwerb dinglicher Rechte entsprechend anwendet. M. E. zu Unrecht!

[2]) Vgl. Adler in Goldschmidts Zeitschr. 65, 232 Nr. 67.

findungsbesitze nicht; dieser wird aber, wie bereits erwähnt, nur durch reale Mitteilung übertragen, welche dem Erwerber die tatsächliche Gewalt über die Erfindung verschafft. Die schlichte Einigung, daß A. dem B. seine am bestimmten Tage gemachte Erfindung überträgt, macht B. niemals zum Erfindungsbesitzer, wenn er nicht Kenntnis von ihrem Inhalte hat oder erhält; B. kann die Erfindung weder anmelden noch benutzen noch übertragen. Daher kann auch niemals der Erfindungsbesitz oder das sog. Erfinderrecht wirksam abgetreten werden, bevor die Erfindung überhaupt gemacht ist[1]). Ebensowenig kann bei einem Werkvertrage, durch den sich der Unternehmer zum Erfinden verpflichtet, der unmittelbare Anfall der Erfindung an den Besteller gültig vereinbart werden[2]). Die an sich nicht unbedenkliche Lehre von der Abtretung künftiger Rechte paßt auf diese Fälle nicht, da der Erfindungsbesitz kein Recht im gewöhnlichen Sinne, sondern nur eine geschützte Rechtsposition ist. Es ist auch nicht zutreffend, wenn Burlage die Aneignung herrenloser Sachen durch Besitzmittler analog zu verwerten sucht, wobei ein unmittelbarer Eigentumsanfall an den Vertretenen stattfindet; denn bei der Erfindung handelt es sich nicht um Eigentum oder ein „Recht an der Erfindung", sondern um Besitz. Dessen originärer Erwerb durch Besitzmittler ist aber bei natürlichen Personen nur in den Fällen der Besitzdienerschaft möglich, die bei dem von Burlage behandelten Werkvertrage gerade nicht stattfindet. Die Übertragung der noch nicht bestehenden Erfindung ist ebenso ausgeschlossen wie die Besitzübertragung bezüglich einer nicht existierenden Sache; denn es fehlt dann stets an dem Realakte, der Herrschaftsübertragung, der Kundgabe des Geheimnisses oder der Übergabe der Sache an den Erwerber.

---

[1]) Vgl. auch RGZ. 75, 228 = Bl. 1911, 218 (bezügl. des Patents); abw. RG. ZIndrR. 1917, 98ff.; Riezler, Deutsches Urheber- und Erfinderrecht S. 89.

[2]) Dies behauptet insbesondere Burlage MuW. XVII, 40ff., „Werkvertrag und Erfindungserwerb"; ebenso RG. MuW. XVII, 55ff. = ZIndrR. 1917, 88; ZIndrR. 1917, 100 a. E. Dagegen nimmt RG. 10. 7. 20 MuW. XX, 136 zutreffend an, daß erst mit der Abnahme (§ 640 BGB.) der Zeichnungen die Verfügungsbefugnis über die in ihr verkörperten technischen Gedanken vom Besteller erworben wird. — Weitere Literaturnachweise bei Isay, Anhang Nr. 14, der nunmehr in seiner 3. Auflage, im Gegensatz zur 2., den sofortigen Anfall der Erfindung an den Besteller befürwortet.

Der Realakt ist nicht Rechtsgeschäft. Er kann auch von einem willensunfähigen Geisteskranken vollzogen werden. Wie aber die von diesem weggegebenen Sachen als „abhanden gekommen“ angesehen werden[1]), so gelten die von ihm übertragenen Erfindungen in der Folge als „ohne Einwilligung entnommen“. Gegen den anmeldenden Erwerber finden Einspruch und Nichtigkeitsklage statt. Eine Anfechtung der Kundgabe des Geheimnisses wegen Willensmangels ist nicht möglich. Wird der Erfinder durch Drohung veranlaßt, seine Erfindung in einem Vortrage zu veröffentlichen, und meldet ein Hörer sie zum Patent an, so kann der Erfinder nicht durch nachträgliche Anfechtung einen Fall einwilligungsloser Entnahme schaffen und sich Einspruch und Nichtigkeitsklage sichern[2]).

Die schlichte Einigung des bisherigen Besitzers und des Erwerbers genügt nur dann zum Erwerbe des Geheimnisses, wenn der Erwerber in der Lage ist, die Gewalt über das Geheimnis auszuüben (§ 854 II BGB.). Er hat beispielsweise bereits die das Geheimnis enthaltenden Urkunden in seinem Besitze; nur waren sie bisher verschlossen, und erst die Einigung ermächtigt ihn zur Öffnung. Der Hauptfall ist der, daß dem Organ der juristischen Person oder dem angestellten Besitzdiener, die bisher nur Kenntnis, aber nicht Besitz hatten, das Betriebsgeheimnis oder der Erfindungsbesitz von der Korporation oder dem Dienstherrn zur eigenen Verwertung überlassen wird.

Ebensowenig wie der Realakt kann eine solche Einigung vor Entstehung des Geheimnisses wirksam geschehen. Überläßt der Prinzipal gemäß vorheriger Abrede dem Angestellten die von diesem zu machenden Erfindungen, so wird zwar mit der Entstehung der Erfindung der Angestellte Erfindungsbesitzer. Dies beruht aber nicht auf einer vorangegangenen „Einigung“ über den zukünftigen Besitzübergang, sondern vielmehr darauf, daß in diesem Falle eine Besitzdienerschaft mangels der Voraussetzungen des § 855 BGB.

---

[1]) KG. im OLG. 15, 356 f.

[2]) Auch vom Standpunkt der hier vertretenen Besitzlehre (vgl. darüber und über die abweichende gemeine Meinung oben § 27 S. 76 und § 31 zu 1 S. 97) nicht unzweifelhaft; im Sachenrechte streitig, vgl. M. Wolff, Sachenrecht § 11 Nr. 2. Wie hier bezüglich des Sachenrechts OLG. 10, 138 f. = Seuff. Arch. 60 Nr. 150.

gar nicht erst begründet wird[1]). Schlichte Einigung bewirkt dagegen den Übergang des Geheimnisses, wenn der bisherige Geheimnisbesitzer zu seiner Kundgabe um deswillen nicht in der Lage ist, weil er den Besitz teilweise verloren hat und sich nur noch in einem relativen Besitzstande befindet. So kann ein Erfindungsbesitzer, dem die einzige, die Erfindung enthaltende Zeichnung gestohlen wird, seinen relativen Erfindungsbesitz, aus welchem im Falle späterer unbefugter Anmeldung Einspruch und Nichtigkeitsklage entspringen, durch einfachen Vertrag auf einen anderen übertragen. Hat der Dieb zu dieser Zeit bereits die entwendete Erfindung angemeldet, so ist die von der Rechtsprechung[2]) anerkannte Abtretung des Einspruchsrechts (Nichtigkeitsklagrechts) seitens des Bestohlenen nichts anderes, als die Einigung über den Übergang des relativen Erfindungsbesitzes.

Die Einigung ist echtes Rechtsgeschäft. Sie setzt auf seiten des Übertragenden volle Geschäftsfähigkeit voraus; bei dem beschränkt geschäftsfähigen Erwerber wird § 107 BGB. Platz greifen. Bedingungen und Befristungen sind möglich; letztere finden sich häufig beim militärischen Geheimnis, wenn im Manöver dem Abteilungsführer, im Kriege dem Transportführer ein schriftlicher Befehl verschlossen übergeben wird mit der Weisung, ihn zu bestimmter Stunde zu eröffnen. Die Einigung kann nichtig und bei Willensmängeln anfechtbar sein; nach erfolgter Anfechtung ist der Übertragende zur Einlegung des Einspruchs und zur Erhebung der Nichtigkeitsklage gegen Entnahme ohne Einwilligung befugt. Stellvertretung ist auf beiden Seiten zulässig, so kann zwischen zwei bevollmächtigten Besitzdienern eine Übertragung des Geheimnisses mit unmittelbarer Wirkung für die Prinzipale stattfinden.

Auch eine Gesamtnachfolge in den Geheimnisbesitz findet statt. Allerdings ist diese viel beschränkter als im Sachenrechte. Vor allem scheitert der Übergang des Geheimnisbesitzes auf den Erben an der elementaren Tatsache, daß die Kenntnis häufig mit dem Erblasser zu Grabe getragen wird. Soweit sie allerdings

[1]) RGZ. 75, 227 = Bl. 1911, 218 möchte die Grundsätze von der Übertragung künftiger Rechte anwenden, zweifelt aber an der inhaltlichen Bestimmtheit des zu übertragenden Gegenstandes. Gegen die Entscheidung Hübner, ZIndrR. 1912, 121 ff.

[2]) PA. im Bl. 1906, 246.

eine sachliche Verkörperung vorher gefunden hatte, erwirbt der Erbe mit dem Todesfalle nicht nur den Besitz der im Nachlaß vorhandenen Urkunden, Zeichnungen und Modelle, sondern auch den der darin enthaltenen Geheimnisse. Das gleiche gilt für die im Betriebe des Erblassers angewendeten Geheimverfahren. Wie ein gutgläubiger Erbschaftsbesitzer bezüglich der Sachen verbotene Eigenmacht begeht, so bezüglich der Nachlaßerfindungen Entnahme ohne Einwilligung. Ebenso finden Einspruch und Nichtigkeitsklage des Nacherben statt, wenn der persönliche Erbe des verstorbenen Vorerben die Geheimverfahren des zur Nacherbschaft gehörenden Betriebes zur Anmeldung bringt. Dagegen behält der Vorerbe, der den Nachlaß mit Eintritt eines bestimmten Ereignisses an den Nacherben herauszugeben hat, den einmal erworbenen Erfindungsbesitz, auch wenn mit dem Nacherbfall ein solcher des Nacherben hinzutritt. Die Vererblichkeit des Erfindungsbesitzes hat weiter nicht nur die Vererblichkeit der possessorischen Rechtsbehelfe zur Folge[1]), sondern das relative Besitzrecht[2]), aus dem diese entspringen, geht selbst auf den Erben über. Ist dem Erblasser die seine Erfindung enthaltende Zeichnung gestohlen worden, und veräußert nach dem Erbfall der Dieb die Erfindung an einen Dritten, so erwachsen dem Erben auch gegen den Dritten Einspruch und Nichtigkeitsklage, falls dieser die Erfindung zum Patente anmeldet.

Bedeutsamer sind die Fälle der konstitutiven Gesamtnachfolge in ein Sondervermögen[3]), die bereits bei der Stellvertretung im Besitze behandelt wurden. Zu den gesetzlichen Vertretern (Vater, Vormund, Pfleger) und den Vermögensverwaltern (Ehemann, Testamentsvollstrecker, Nachlaßverwalter, Konkursverwalter) tritt hier noch der in die allgemeine Gütergemeinschaft eintretende Ehegatte hinzu. Der Geheimnisbesitz vor allem an den in der Fabrik benutzten Geheimnissen fällt unmittelbar mit der Entstehung des Vertretungsverhältnisses oder der Gütergemeinschaft dem Vertreter oder dem anderen Ehegatten an[4]). Der Pfleger, der gemäß

---

[1]) PA. im Bl. 1906, 246.

[2]) Vgl. M. Wolff, Sachenrecht § 12 I 5.

[3]) Vgl. M. Wolff, Sachenrecht § 12 II 2.

[4]) Für den Sachbesitz in einzelnen Fällen streitig; wie hier insbesondere M. Wolff aaO.; ferner Gierke, Sachenrecht § 115 Nr. 64.

§ 1960 BGB. für die unbekannten Erben eines verstorbenen Erfinders bestellt ist, kann daher beispielsweise Einspruch einlegen, falls ein Gehilfe des Verstorbenen die Erfindung einer im Nachlasse befindlichen Zeichnung entnimmt und anmeldet; denn mit dem Erbfall entsteht der Geheimnisbesitz des unbekannten Erben, und mit der Bestellung erwirbt der Pfleger das auch nach geschehener Entnahme zum mindesten noch bestehende relative Besitzrecht, dem die possessorischen Rechtsbehelfe entfließen. Ob der Erbe oder der Pfleger Kenntnis von dem Inhalt der Erfindung haben, ist dafür belanglos.

§ 35.

Besteht somit die Übertragung des Geheimnisses in der Verschaffung des Geheimnisbesitzes, so begründet das obligatorische Rechtsgeschäft die hierauf zielende Verpflichtung. Es kann in einer Verfügung von Todes wegen (Besitzvermächtnis § 2169 II BGB.) oder in einem Vertrage unter Lebenden bestehen. Wenn der Übergang des Besitzes sich durch schlichte Einigung entsprechend § 854 II BGB. vollzieht, kann der Verpflichtungsvertrag nicht als Arbeitsvertrag angesehen werden; denn der Abschluß eines Vertrages (die Einigung) ist keine Dienstleistung, was offensichtlich ist, falls, wie in der Regel, obligatorischer Vertrag und Einigung zeitlich zusammenfallen. Aber auch soweit der Realakt, die Kundgabe des Geheimnisses erforderlich ist, gilt nichts anderes. Allerdings bedarf es hier gewisser Handlungen des Übertragenden, der wörtlichen oder schriftlichen Mitteilung, der Übergabe von Modell oder Zeichnung und unter Umständen sogar der Anlernung. Dies ist jedoch nichts den Arbeitsverträgen Eigentümliches. Die Erfüllung eines obligatorischen Rechtsgeschäfts erfordert fast stets ein Tätigwerden des Verpflichteten; so verlangt die Erfüllung des Kaufvertrages, daß der Verkäufer dem Käufer das Recht verschafft oder die verkaufte Sache durch Realakt übergibt. Die frühere Rechtsprechung[1]), die die Verpflichtung zur Geheimnisübertragung als Dienstvertrag ansah, ging daher fehl. Es handelt sich vielmehr um eine Veräußerung des Geheimnisbesitzes, dessen Verpflichtungsvertrag sich als Gesellschaft[2]), Vergleich, Schenkung, Tausch, meist aber als kauf-

[1]) Bl. 93, 343 = G. 10, 186; GRuU. 98, 369.
[2]) Vgl. KG. im Bl. 1914, 5.

ähnliches Geschäft darstellen wird. Gerade die Ähnlichkeit des entgeltlichen obligatorischen Vertrages, der auf Übertragung des Geheimbesitzes gerichtet ist, mit dem Kauf springt in die Augen. Diesem ist, nicht nur, wenn es sich um Sachen, sondern auch, wenn es sich um Rechte handelt, die Verpflichtung zur Übergabe, d. h. zur Besitzverschaffung wesentlich, sofern ein Besitz überhaupt in Frage kommt. Wie schon im römischen Recht die Möglichkeit, den reinen Besitz als solchen zu kaufen, unter Umständen (l. 34, § 4 D. 18, 1) anerkannt war, so ist das heute nicht mehr zweifelhaft, nachdem der Besitz als absolutes Recht oder als absolute Rechtsposition angesehen wird. Den Besitzkauf als Rechtsform auch für den Geheimnisbesitz zu verwerten, ist gemäß § 445 BGB. gerechtfertigt, welcher die Kaufvorschriften der §§ 433 bis 444 auf andere Verträge, die auf Veräußerung eines Gegenstandes gegen Entgelt gerichtet sind, für entsprechend anwendbar erklärt. Ist der Geheimnisbesitz auch weder Sache noch Recht im Sinne des § 433, so muß er doch ebenso wie ärztliche Praxis, Handelsgewerbe, Pensionsbetrieb, Kundschaft und Zeitschrifttitel[1]) als „Gegenstand" im Sinne des BGB. gelten. Dies ist in der Rechtsprechung auch anerkannt[2]). Die vom Reichsgericht seinerzeit gebilligte Auffassung[3]), die den obligatorischen Vertrag betreff Übertragung von Geheimnissen und Geheimverfahren als kaufähnliches Geschäft behandelte, hatte demnach triftige Gründe für sich.

Dennoch scheint der I. Zivilsenat des RG. seine frühere Rechtsprechung in der Entscheidung[4]) vom 4. April 1914 endgültig aufgegeben zu haben. Dem Urteil lag folgender Fall zugrunde: Der Kläger hatte von dem Beklagten ein Geheimverfahren gekauft und den Preis dafür bezahlt. In dem Vertrage hatte der Beklagte Gewähr dafür geleistet, daß das Verfahren nicht an dritte Personen weitergegeben wäre. Unter der Behauptung, daß dies gleichwohl geschehen sei, focht der Kläger den Vertrag wegen Irrtums und arglistiger Täuschung an und verlangte die Rückzahlung des Kaufpreises. Ferner machte er gemäß § 459 BGB. Wandlung

---

[1]) Vgl. RGRäte § 90 Nr. 3.

[2]) Vgl. OLG. 22, 223.

[3]) RGZ. 82, 155 ff. = Bl. 1918, 39 = MuW. XII, 551; GRuU. 99, 246 Nr. 2 = JW. 99, 189 Nr. 38; JW. 1911, 869 Nr. 33.

[4]) JW. 14, 674 = Warn. 1914 Nr. 214; genauer im Bl. 1914, 251 ff.

geltend, weil der Beklagte wider besseres Wissen die Erprobtheit des Verfahrens, das wenig taugte, zugesichert hätte. — Landgericht und Oberlandesgericht Stuttgart wiesen die Klage übereinstimmend ab. Letzteres sah weder Täuschung noch Irrtum als vorliegend an und beurteilte den Vertrag im übrigen nach Analogie der Kaufgrundsätze. Soweit dem Verfahren die Eigenschaft „geheim" fehlte, käme daher nur ein Wandlungsanspruch aus § 462, nicht aber eine Anfechtung wegen Irrtums in Betracht. Die Wandlung wäre jedoch entsprechend der vom Beklagten geltend gemachten Einrede gemäß § 477 (6 Monate) verjährt; für die an sich daneben statthafte Betrugsanfechtung fehlte es an der Arglist auf seiten des Beklagten. Die Revision des Klägers, die sich insbesondere auch darauf stützte, daß der Vertrag über ein Geheimverfahren ein Vertrag eigener Art und kein Kaufvertrag wäre, führte zur Aufhebung des zweitinstanzlichen Urteils und Zurückverweisung der Sache an das OLG. Bezüglich des rechtlichen Charakters des Vertrages führte das RG. aus: Da ein Fabrikationsgeheimnis weder eine Sache noch ein Recht sei, die nach § 433 allein Gegenstand des Kaufs sein könnten, komme höchstens eine analoge Anwendung des § 459 in Frage. Aber auch gegen eine solche beständen erhebliche Bedenken. Die kurze sechsmonatige Verjährungsfrist des § 477 passe zwar für das Sachenrecht, wo der sorgsame Käufer zur sofortigen Prüfung der Ware in der Lage sei, nicht aber für den Erwerb eines Geheimverfahrens[1]), weil hier der Erwerber in den seltensten Fällen eine etwaige Kenntnis unbeteiligter Dritter von dem Verfahren alsbald in Erfahrung bringen könne. Da der § 477 als wesentlicher Teil der Gewährleistungsgrundsätze anzusehen sei, frage es sich, ob nicht mit dessen Unanwendbarkeit diese überhaupt als ausgeschlossen von der analogen Anwendung gelten müßten, wenigstens soweit die Geheimheit des Verfahrens in Frage komme. Dies sei zu bejahen, da der Kläger bereits nach allgemeinen Vertragsgrundsätzen einen hinreichenden Schutz finde. Er könne Erfüllung verlangen, seine Rechte aus § 323 BGB. geltend machen oder auch den Vertrag wegen Irrtums anfechten und alsdann den Kaufpreis kondizieren; denn daß die Geheimheit des Verfahrens als wesentliche Eigenschaft im Sinne des § 119 II BGB. in Betracht komme, und

---

[1]) Vgl. auch RG. 82, 159 = Bl. 1918, 38 = MuW. XII, 551.

daß unter „Sachen" auch sonstige Lebensgüter im Sinne dieses Paragraphen verstanden werden müßten, bedürfe keiner Ausführung[1]).

Es erhellt aus vorstehendem nicht zweifelsfrei, ob das RG. nur die Gewährleistungsgrundsätze ausschließen oder mit der Revisionsbegründung den Vertrag über ein Geheimverfahren überhaupt nicht entsprechend den Kaufregeln behandelt wissen will. Die Ausführungen lassen letzteres vermuten. Ihnen kann aber nicht beigestimmt werden.

Was zunächst die kurze, sechsmonatige Verjährungsfrist der Gewährleistungsansprüche angeht, so erscheint sie allerdings nicht auf den Verkauf eines Geheimnisses anwendbar. Es wäre, wie das RG. zutreffend bemerkt, sehr unbillig und hart, den Erwerber der schnellen und glatten Abwicklung des Geschäfts zuliebe der Gewährleistungsansprüche zu berauben, bevor er vielleicht von einer weiteren Verbreitung des Geheimnisses Kenntnis erhalten hat. Es ist hierbei aber zu beachten, daß sich der § 477 in dem Abschnitt über „Gewährleistung wegen Mängel der Sache" §§ 459ff. befindet. Um eine Sache, d. h. einen körperlichen Gegenstand, handelt es sich aber beim Kauf eines Geheimverfahrens gar nicht. Auf Rechte findet der den § 477 enthaltende Abschnitt überhaupt keine Anwendung. Zwar hat die Rechtsprechung den Sachen andere Verkehrsgüter gleichgestellt, insbesondere das kaufmännische Unternehmen und sonstige Gewerbebetriebe[2]). Hierbei handelte es sich jedoch um Gegenstände, denen die sinnfällige Verkörperung in der Außenwelt eigentümlich und wesentlich war. Wenn allerdings das RG. gelegentlich nach anfänglichem Zögern[3]) die Sachmängelvorschriften auch auf den Kauf von Patenten und Lizenzen angewandt hat[4]), so erscheint dies immerhin bedenklich. Wie dem aber auch sei, auf das Geheimnis, dem ein körperliches Substrat nicht wesentlich ist,

[1]) ! Vgl. die „Ausführungen" der RGRäte § 119 Nr. 5 und die abweichende Praxis des 5. und 6. Senats.

[2]) RGZ. 63, 57; 67, 86; 69, 429; in JW. 1912, 288 Nr. 8.

[3]) Vgl. Recht 08 Nr. 486; 09 Nr. 2845.

[4]) RG. Warn. 1911 Nr. 396; RGRäte[3] 459 Nr. 1. Ebenso wendet das KG. in MuW. XX, 118 (8. 5. 20) ohne irgendwelche Begründung die Sachmängelvorschriften beim Kauf einer Lizenz am Gebrauchsmuster (eines Rechts am Rechte!) als selbstverständlich an. Abweichend Seligsohn § 6 Nr. 4b; KG. in LZ. 07, 519.

erscheinen die auf Sachen bezüglichen Vorschriften der §§ 459ff. nicht anwendbar[1]). Wenn der Geheimnisbesitz auch kein Recht ist, so ist er doch ein rechtsähnlicher Gegenstand. Dies tritt beim Erfindungsbesitz am deutlichsten in die Erscheinung, vor allem, wenn man ihn vom Standpunkt der gemeinen Meinung aus als absolutes Erfinderrecht auffaßt. Da es sich in der Entscheidung vom 4. IV. 1914 gerade um eine patentfähige Erfindung handelte, ist es doppelt auffällig, daß die Instanzen auf den Unterschied zwischen Rechtskauf und Sachkauf überhaupt nicht eingegangen sind. Schließlich bestimmt § 445 BGB. ausdrücklich, daß auf andere Verträge, die auf Veräußerung eines Gegenstandes gegen Entgelt gerichtet sind, als Sach- und Rechtskauf, die Vorschriften der §§ 433 bis 444 entsprechende Anwendung finden. Nach dem Umkehrschluß gilt dies nicht bezüglich der §§ 459ff., so daß das auf § 477 beruhende Bedenken des RG. einer Anwendung der für den Rechtskauf gegebenen Normen nicht entgegensteht.

Der weitere Gesichtspunkt des RG., daß es an einem Bedürfnis hierfür fehle, erscheint gleichfalls nicht zutreffend. Das RG. meint, der Erwerber könne Erfüllung verlangen oder seine Rechte aus § 323 BGB. geltend machen oder schließlich den Vertrag wegen Irrtums anfechten, womit er hinreichenden Schutz finde. Angenommen, der Verkäufer verkauft dem Erwerber ausdrücklich ein „Geheimverfahren", von dem beide Teile weder wissen noch wissen müssen, daß es bereits in einem erst ganz kürzlich erschienenen Konversationslexikon[2]) beschrieben steht. Oder der Verkäufer verpflichtet sich, dem Erwerber eine von ihm gemachte „patentfähige Erfindung" zu übertragen, ohne zu wissen und wissen zu können, daß die Erfindung von einem Doppelerfinder bereits im Inlande offenkundig benutzt oder in einer ausländischen Patentschrift veröffentlicht ist. Hier hat der Erwerber an der Erfüllung kein Interesse; § 323 kommt nicht in Betracht, da der die Offenkundigkeit bewirkende Umstand schon zurzeit des Kaufabschlusses eingetreten war und nicht erst in die Zwischenzeit zwischen Kauf und Erfüllung fällt. Macht der Erwerber nun, wie das RG. meint, von seinem Anfechtungsrechte wegen Irrtums über eine wesentliche Eigenschaft Gebrauch,

---

[1]) Abweichend OLG. Marienwerder in OLG. 22, 223.

[2]) Vgl. den Fall im Bl. 93, 343 = G. 10, 186.

so hat er noch obendrein dem Verkäufer das negative Vertragsinteresse zu vergüten (§ 122 BGB.). Die Unbilligkeit dieses Ergebnisses leuchtet ein. Es könnte sich nur fragen, ob der Vertrag über ein nicht mehr bestehendes Geheimnis nicht auf eine unmögliche Leistung gerichtet und deshalb gemäß § 306 nichtig ist. Aber auch dies Ergebnis ist nicht restlos befriedigend. Denn nach § 307 würde der Verkäufer, selbst wenn er von der Offenkundigkeit wüßte[1]) oder seine Unkenntnis auf grober Fahrlässigkeit beruhte, nur auf das negative, statt wie das Rechtsempfinden es verlangt, auf das positive Interesse des geschädigten Erwerbes haften. Und gesetzt den Fall, daß die Unkenntnis der bereits eingetretenen Offenkundigkeit zwar auf seiten des Verkäufers schuldlos, auf seiten des Erwerbers aber leicht fahrlässig ist, so würde auch hier der Käufer zwar den gezahlten Preis konzidieren können, das negative Interesse aber dem Verkäufer ersetzen müssen. Alle diese sich aus dem Gesetz ergebenden Folgerungen erscheinen unbillig. Es fehlt eben bei der vom RG. empfohlenen Anwendung der allgemeinen Vorschriften an dem für den Kauf von Rechten und rechtsähnlichen Gegenständen maßgebenden § 437 BGB., daß der Verkäufer für den Bestand des verkauften Rechtes oder in unserem Falle für den Bestand des Geheimnisses haftet. Dieser Vorschrift bedarf es, um zu befriedigenden Resultaten zu gelangen[2]). Und man wird diese Haftung auch nicht als stillschweigend vereinbart in die Parteierklärungen hineinlegen dürfen, ohne diesen Gewalt anzutun; denn auf diese Weise ließe sich bei der ergänzenden Natur der meisten schuldrechtlichen Normen überhaupt ohne gesetzliche Bestimmungen auskommen. Vielmehr müssen auf den Vertrag, durch welchen sich jemand gegen Entgelt zur Übertragung des Geheimnisbesitzes verpflichtet, gemäß § 445 BGB. die Vorschriften der §§ 433—444 über den Kauf von Rechten entsprechend zur Anwendung gelangen.

Dies führt zu folgenden Ergebnissen:

Der Verkäufer wird durch den Vertrag verpflichtet, dem Käufer den Geheimnisbesitz zu verschaffen. Was dazu erforderlich ist, wurde bereits bei der Erfüllung besprochen[3]): Schon hieraus

[1]) Sofern nicht Arglist und Sittenwidrigkeit vorliegt.

[2]) „Unter diesen Umständen muß eine Abschwächung der Haftung des angeblichen Erfindungsbesitzers als unerwünscht angesehen werden"; RGZ. 82, 159 = Bl. 1918, 38 = MuW. XII, 551.

[3]) Vgl. oben § 34 S. 112.

ergibt sich die Verpflichtung, die Vorlagen, Vorschriften, Zeichnungen, Modelle, Schablonen, Schnitte, Rezepte, Beschreibungen, Gerätschaften und Einrichtungen (§§ 18 UWG., 3 PG.) dem Käufer zu übergeben, da dieser sonst nicht volle Kenntnis und Besitzherrschaft gewinnen wird. Dies folgt auch aus entsprechender Anwendung des § 433 I 2 a. E. oder des § 314 BGB., da diese Sachen einem Zubehör zum Geheimnis vergleichbar erscheinen. Soweit eine besondere Anlernung nötig ist, werden regelmäßig ausdrückliche Nebenabreden über Art und weitere Vergütung erforderlich sein; so war in dem oben erwähnten, vom Reichsgericht entschiedenen Falle der Verkäufer über drei Monate als Werkmeister bei dem Erwerber tätig, um ihn in das Geheimverfahren einzuführen. Die Auskunftspflicht des Verkäufers erstreckt sich ferner gemäß § 444 auf die das Geheimnis betreffenden rechtlichen Verhältnisse; er hat den Käufer über bereits erteilte Lizenzen zu unterrichten und die ihm zum Beweise dienenden Urkunden, soweit sie sich in seinem Besitze befinden, auszuliefern. Beim Verkaufe einer patentfähigen Erfindung, die zur Anmeldung gelangen soll, wird er die Grenzen des Patentanspruchs zu bezeichnen und von bereits anderweit begründeten Vorbenutzungsrechten Mitteilung zu machen haben.

Der Verkäufer haftet für den Bestand des Geheimnisses zur Zeit des Vertragsschlusses (§ 437 BGB.). Es ist zwar nicht richtig, wenn das RG.[1]) sagt, der Verkäufer eines Geheimverfahrens habe mit Rücksicht auf den Gegenstand dafür einzustehen, daß unbeteiligte Dritte zu seiner Anwendung nicht imstande seien. Denn der Umstand, daß andere das gleiche Betriebsgeheimnis oder im Falle der Doppelerfindung denselben Erfindungsbesitz haben, schließt den Bestand des Geheimnisbesitzes auf seiten des Verkäufers nicht aus. Eine so weitgehende Garantie bedürfte ausdrücklicher Vereinbarung. Wohl haftet aber der Verkäufer dafür, daß bezüglich des Geheimnisses weder in irgendeiner Person noch sonstwie Offenkundigkeit eingetreten ist. Ist also das Betriebsgeheimnis bereits in der Fachliteratur beschrieben oder in einem Vortrage veröffentlicht oder offenkundig benutzt, so ist der Vertrag nicht etwa gemäß § 306 BGB. nichtig, als ob er auf eine von Anfang an unmögliche Leistung gerichtet wäre. Der Verkäufer haftet

---

[1]) Bl. 1914, 253. Zutreffend dagegen RG. 27. 2. 20 in MuW. XIX, 191.

vielmehr gemäß § 437 auch ohne weiteres Verschulden vertragsmäßig auf Schadensersatz[1]). Dem steht auch nicht die bekannte Rechtsprechung des Reichsgerichts[2]) entgegen, das auf den Verkauf von Rechten, deren Entstehung überhaupt von Anfang an unmöglich ist, nicht § 437, sondern § 306 zur Anwendung gelangt und Nichtigkeit eintritt. Denn die Entstehung oder der Weiterbestand eines Geheimnisses bleibt durchaus denkbar, selbst wenn Offenkundigkeit vorliegt; kann doch die Kenntnis der Allgemeinheit in Vergessenheit geraten und dadurch die des einzelnen erneut zum Geheimnis werden! Daher haftet der Verkäufer des Geheimnisses auf seinen Bestand, sofern dies nicht in dem Vertrage ausdrücklich oder stillschweigend ausgeschlossen ist. Letzteres ist beispielsweise gegeben, wenn wie in dem unstreitigen Tatbestande des RG.-Urteils vom 4. IV. 1914 der Verkäufer versichert, daß das Verfahren im großen und ganzen geheim gehalten sei, und die Gewähr lediglich dafür übernimmt, daß er das verkaufte Verfahren nicht an dritte Personen weitergegeben habe. Beim Verkauf des Erfindungsbesitzes bezieht sich die Haftung nicht auf die Geheimheit, sondern auf die Neuheit im Sinne des § 2 PG. Entsprechend der Vorschrift des § 437 II BGB. wird der verkaufende Erfindungsbesitzer auch dafür aufkommen müssen, daß die Erfindung nicht von anderer Seite bereits zum Patente angemeldet worden ist; denn damit ist die Gefahr begründet, daß der Erfindungsbesitz des Erwerbers infolge der zu erlassenden Bekanntmachung erlischt. Der Verkäufer einer Erfindung ist weiter verpflichtet, dem Käufer diese frei von Rechten zu verschaffen, die von Dritten gegen ihn geltend gemacht werden können (§ 434). Er haftet also dafür, daß die Erfindung nicht einem früheren Besitzer ohne dessen Einwilligung entnommen ist und dieser gegen den anmeldenden Erwerber mit Einspruch oder Nichtigkeitsklage vorgeht. Wieweit darüber hinaus der Erfindungsverkäufer Gewähr zu leisten hat, ist zweifelhaft und streitig[3]); die Auslegung des Vertrages wird entscheiden. Für die Rentabilität[4]) der Erfindung wird er nicht einzustehen haben, wohl aber für

---

[1]) Vgl. auch Riezler, Deutsches Urheber- und Erfinderrecht S. 95.

[2]) RGZ. 68, 293; 73, 210; 90, 244.

[3]) Literatur und Rechtsprechung bei Isay, Anhang Nr. 20, § 6 Nr. 17; Seligsohn § 6 Nr. 4b.

[4]) Ebenso beim gewöhnlichen Betriebsgeheimnis OLG. 22, 223.

die Ausführbarkeit, da ja sonst die den Geheimbesitz begründende Kenntnis der technischen Regel keinen Bestand hätte. Für den Erfindungscharakter, den schöpferischen technischen Fortschritt, braucht er nur aufzukommen, sofern in seinen Erklärungen ein Garantieversprechen für die Patentfähigkeit gefunden werden kann.

Diese gesamte Haftung des Verkäufers ist ausgeschlossen, sofern der Käufer beim Vertragsschlusse den Mangel kennt (§ 439 BGB.). Sie kann durch Vereinbarung gesteigert, gemindert oder ganz erlassen werden. Die Beschränkung oder Aufhebung der Haftung ist nichtig, wenn der Verkäufer den Mangel arglistig verschweigt (§ 443). Im Prozesse hat nicht der Verkäufer die Erfüllung seiner Verschaffungspflicht, sondern der Käufer den Mangel zu beweisen (§ 442). Erfüllt der Verkäufer seine Verpflichtungen nicht, so hat der Käufer folgende Rechte:

Er kann zunächst auf Erfüllung bestehen oder wegen positiver Vertragsverletzung Schadensersatz verlangen. Er kann ferner gemäß § 440 BGB. die Zahlung des Kaufpreises bis zur Übertragung des Geheimnisbesitzes auf ihn verweigern (§ 320). Die Leistung Zug um Zug auf beiden Seiten wird Schwierigkeiten nicht begegnen, wenn es sich um Übergabe eines Rezeptes, einer Zeichnung oder eines Modells handelt. Muß der Verkäufer eines Geheimverfahrens aber den Käufer längere Zeit hindurch anlernen, so ist mangels besondere Abrede anzunehmen, daß entsprechend dem Grundsatze des § 320 II gemäß dem Fortschreiten der Unterweisung auch der Kaufpreis teilweise zu entrichten ist[1]). Tritt die Offenkundigkeit des Geheimnisses oder die Neuheitsschädlichkeit der Erfindung nach Vertragsschluß, aber vor der Übertragung des Geheimnisbesitzes ein, so ist zu unterscheiden. Ist der Verkäufer hieran schuldlos, z. B. weil ein Konkurrent, der ohne sein Wissen das gleiche Betriebsgeheimnis anwandte, nunmehr die Benutzung offenkundig vornimmt, oder weil eine Doppelerfinder in der Zwischenzeit die Erfindung anmeldet, so werden beide Teile von der Leistungspflicht frei (§§ 323, 275). Ist der Anmelder aber kein Doppelerfinder, sondern hat er die Erfindung ohne Einwilligung des Verkäufers von diesem entnommen, so kann der Käufer die Abtretung des Einspruchsrechtes von dem Verkäufer verlangen, alsdann selbst

[1]) Vgl. den Tatbestand des RG.Urteils JW. 14, 674 = Bl. 1914, 251.

Einspruch einlegen und durch erneute Anmeldung binnen Monatsfrist das Patent für sich erwerben (§§ 281 BGB., 3 II 2 PG.). In diesem Falle bleibt der Käufer aber zur Bezahlung des vereinbarten Preises verpflichtet (§ 323 II). Anders liegt die Sache, sofern der Verkäufer den Untergang des Geheimnisses zu vertreten hat. Das Betriebsgeheimnis wird durch seine eigene Fahrlässigkeit offenkundig, die Erfindung von einem seiner Angestellten (§ 278) unbefugt angemeldet. Dann kann der Käufer entweder Schadensersatz wegen Nichterfüllung verlangen oder von dem Vertrage zurücktreten; er kann aber auch fordern, daß der Verkäufer ihm die Rechte abtritt, die er gegen seinen ungetreuen Angestellten hat (Einspruch, Anspruch auf Abtretung des Patentes) § 325 BGB. Verzugsschaden kann der Käufer neben der Erfüllung gemäß § 286 BGB. berechnen; ihm stehen ferner wegen Verzuges die Rechte des § 326 zu: nach Fristsetzung Schadensersatzanspruch wegen Nichterfüllung oder Rücktrittsrecht. Bezüglich seiner Ausübung gilt § 327.

Durch diese verschiedenen Rechtsbehelfe ist der Käufer für die Zeit des Kaufabschlusses und die folgende Zwischenzeit bis zur Kundgabe des Geheimnisses geschützt. Damit ist jedoch, anders als beim Sach- oder Rechtskaufe, seinem Interesse noch nicht genügend Rechnung getragen. Bei diesen verliert mit der Veräußerung der Verkäufer in der Regel jede Möglichkeit, nun noch weiter auf den Gegenstand einzuwirken; die Sache ist in den Besitz des Erwerbers, das Recht in seine ausschließliche Verfügungsmacht übergegangen. Bei der Übertragung des Geheimnis- und Erfindungsbesitzes erlangt zwar auch der Erwerber die Verfügungsmöglichkeit, daneben bleibt aber in der Regel der Geheimnis- und Erfindungsbesitz des Veräußerers bestehen, der durch Veröffentlichung jederzeit in der Lage ist, das Geheimnis des Erwerbers auch nach der Veräußerung zu zerstören. Diese Vernichtungsmöglichkeit hat der Veräußerer einer Sache dann, wenn infolge eines Besitzkonstituts (§ 930 BGB.) die Sache in seinem unmittelbaren Besitze bleibt. Hier stehen indessen dem geschädigten neuen Eigentümer der § 823 I BGB. und das vereinbarte konstitutbegründende Rechtsverhältnis schützend zur Seite, so daß er bei nur leichter Fahrlässigkeit des Veräußerers vollen Schadensersatz zu fordern berechtigt ist. Anders dagegen beim Geheimnis! Der gewöhnliche

Geheimnisbesitz ist kein sonstiges Recht im Sinne des § 823 I, der Erfindungsbesitz, der ein solches darstellt, ist wegen der Analogie zu § 35 PG. nur gegen grobfahrlässige Verletzung geschützt. Ein Vertragsverhältnis, wie es durch das Besitzkonstitut neu vereinbart wird, besteht nach erfolgter Übertragung des Geheimnisbesitzes nicht. Deshalb muß zum Schutz des Erwerbers angenommen werden, daß der Verkäufer des Geheimnisbesitzes aus dem Kaufvertrage verpflichtet ist, auch nach erfolgter Übertragung alles zu unterlassen, was den Geheimbesitz des Erwerbers vernichten könnte[1]. Ob der Veräußerer berechtigt ist, nach der Veräußerung noch das Geheimnis im eigenen Betriebe zu benutzen, als Erfinder an der Verbesserung und weiteren Ausgestaltung der Erfindung fortzuarbeiten, hierbei ev. einen Beauftragten hinzuzuziehen und vielleicht auch an diesen den schon veräußerten Geheimnisbesitz nochmals weiter zu übertragen, bestimmt sich nach dem Wortlaut und Sinn des jeweiligen Kaufvertrages. Dieser verpflichtet ihn aber gegenüber dem Erwerber in jedem Falle, den Eintritt der Offenkundigkeit oder Neuheitsschädlichkeit zu verhindern. Beruhte vor Kaufabschluß der Geheimhaltungswille auf dem freien Entschlusse des Verkäufers, so nachher auf der über die Veräußerung hinauswährenden obligatorischen Verpflichtung. Da diese im Betriebe des Veräußerers entstanden ist, bleibt das veräußerte Betriebsgeheimnis insoweit auch noch ein Betriebsgeheimnis des Veräußerers. Betreff dieser weiterdauernden Geheimhaltungspflicht hat er nicht nur für seine eigene Person, sondern auch für seine Angestellten im Rahmen des § 278 BGB. einzustehen. Diese machen sich daher gemäß § 17 UWG. strafbar, wenn sie nach erfolgter Veräußerung das Geheimnis anderen unbefugt offenbaren. Verletzter und Antragsberechtigter ist der Veräußerer, nicht etwa der Erwerber, da diesem gegenüber eine Pflicht des Angestellten nicht besteht. Die Auffassung des RG.[2], daß der Angestellte straflos bleibe, weil der neue Geheimnisbesitzer zwar verletzt, aber nicht antragsberechtigt sei, der alte zwar antragsberechtigt sein würde, aber nach der Veräußerung nicht mehr als Verletzter angesehen werden könne, erscheint daher nicht zutreffend. Das Betriebsgeheimnis des Veräußerers erlischt nicht,

---

[1]) Anscheinend abweichend Isay, Anhang Nr. 20 S. 120.

[2]) JW. 1911, 869 a. E. Nr. 33.

sondern wird durch das Hinzutreten der Geheimhaltungspflicht gesteigert[1]).

Tritt trotz dieser Verpflichtung beim Veräußerer Offenkundigkeit ein, so ist zu unterscheiden. Beruht der Untergang des Geheimnisses auf Zufall, so braucht der Veräußerer dies nicht zu vertreten; der Erwerber kann den bereits gezahlten Kaufpreis nicht zurückfordern, die Zahlung eines bereits fällig gewordenen nicht verweigern. Denn mit der Übertragung des Geheimnisbesitzes ist die Gefahr auf den Erwerber übergegangen. War allerdings der Veräußerer vertragsmäßig zur Vorleistung und der Käufer zur Entrichtung des Kaufpreises erst nach bestimmter Frist verpflichtet, so dürfte dem Parteiwillen entsprechend unter Umständen anzunehmen sein, daß die Gefahr bis zum Ablaufe der Frist beim Veräußerer verbleibt. Trifft sie aber, wie in der Regel, den Erwerber, so wird der Veräußerer frei, soweit er nicht für den bei ihm eintretenden Untergang des Geheimnisses einen Ersatzanspruch erlangt. Diesen muß er gemäß § 281 BGB. an den Erwerber abtreten. Wird also dem Veräußerer nach erfolgter Kundgabe der Erfindung an den Erwerber eine zurückbehaltene Abschrift des Rezepts gestohlen und vom Dieb die Erfindung angemeldet, so kann der Erwerber, auch wenn die Zurückbehaltung und Aufbewahrung des Rezepts ein Verschulden des Veräußerers nicht enthält, die Abtretung des Einspruchsrechts verlangen. Hat der Veräußerer dagegen den Untergang des Geheimnisbesitzes zu vertreten, handelt er oder einer seiner Angestellten (§ 278 BGB.) schuldhaft, so hat der Käufer die sich aus § 325 ergebenden Rechte nach erfolgter Übertragung des Geheimnisses gerade so, wie er sie vorher gehabt hatte. Nur ist zu beachten, daß der Erwerber durch die Übertragung seinen Pflichten bereits teilweise genügt hatte, der Fortfall der weiteren Geheimhaltung also nur eine teilweise Unmöglichkeit darstellt. Der Erwerber kann daher Schadensersatz wegen Nichterfüllung der ganzen Verbindlichkeit oder Rücktritt von dem ganzen Vertrage nur geltend machen, sofern die bereits teilweise eingetretene Erfüllung für ihn kein Interesse hat, z. B. deshalb, weil die Offenkundigkeit oder die Neuheitsschädlichkeit kurz auf die Übertragung

---

[1]) Im Ergebnis ebenso vor allem Lobe, MuW. XI, 416; zustimmend Rosenthal § 17 Nr. 15.

folgt (§ 325 I 2). Er kann also mindestens den gezahlten Preis zurückverlangen, ohne daß dem schuldhaften Verkäufer die Bereicherungsgrundsätze zugute kommen (§ 327). Hatte der Erwerber dagegen in der Zwischenzeit bis zum Untergang des Geheimnisses aus diesem Nutzungen gezogen, so kommen diese sowohl für sein Rücktrittsrecht wie für seinen Schadensersatzanspruch verhältnismäßig zur Anrechnung (§§ 325 I 3, 323 I, 472).

Diese Anwendung des § 325 auch nach erfolgter Übertragung des Geheimnisbesitzes hat das RG. in seiner Entscheidung MuW. XIII, 589 = Recht 14, 1086 (1914) anerkannt. Das Verfahren zur Herstellung des Pomrils war nebst Etikette für den Bezirk Mannheim verkauft worden. Der Verkäufer, der im übrigen den Besitz des Geheimverfahrens für sich verwerten durfte, meldete dies nach geschehener Übertragung zum Patent an. Die Anmeldung wurde jedoch nach erfolgter Bekanntmachung vom PA. zurückgewiesen, so daß der Geheimnisbesitz des Erwerbers vernichtet war. Trotzdem die Anmeldung nicht aussichtslos gewesen war und auch im Interesse des Erwerbers gelegen hatte, nahm das RG. ein Verschulden des Käufers deshalb an, weil er die Zustimmung des Erwerbers hätte vorher einholen müssen, und billigte daher diesem die Rechte des § 325 zu.

Was die Verpflichtungen des Geheimniskäufers nach dem Kaufvertrag betrifft, so bieten sie nichts Besonderes. Er hat den vereinbarten oder angemessenen Preis zu zahlen. Eine besondere Abnahmeverpflichtung, wie sie der Sachkauf kennt, besteht in der Regel nicht. Ob der Veräußerer von ihm die weitere Geheimhaltung der erworbenen Kenntnis verlangen kann, richtet sich nach dem jeweiligen Vertrage. Im obigen Falle, wo es sich nur um die Veräußerung für einen bestimmten Bezirk handelt, besteht eine Geheimhaltungspflicht auch für den Erwerber, im allgemeinen wird sie, sofern es sich um einen unbeschränkten Verkauf handelt, dagegen zu verneinen sein.

§ 36.

Die übrigen Rechtsgeschäfte, die die Verpflichtung, den Geheimnisbesitz zu übertragen, begründen, wie Tausch, Schenkung, Vergleich und Gesellschaft[1]), bieten keine besonderen Schwierigkeiten; auch

[1]) Vgl. KG. im Bl. 1914, 5.

stehen sie an praktischer Bedeutung erheblich zurück. Auf sie finden die für den Kauf entwickelten Rechtssätze Anwendung, soweit nicht die besonderen Normen des betreffenden Rechtsgeschäftes dies ausschließen. Selbständiger Erörterung bedarf dagegen der nach dem Kaufe für das Leben wichtigste Vertrag über ein technisches Geheimnis, der Lizenzvertrag. Dieser ist eine dem allgemeinen bürgerlichen Rechte fremde, dem Patentrecht eigentümliche Rechtsform. Seine Konstruktion gibt zu erheblichen Zweifeln Anlaß und ist daher sehr umstritten. Meist wird zwischen der dinglichen Lizenzbestellung und dem obligatorischen Verpflichtungsvertrage unterschieden. Sowohl die ausschließliche wie die beschränkte Lizenz wird regelmäßig als absolutes Recht angesehen; als dingliches Nutzungsrecht am Patente läßt sie sich den Dienstbarkeiten vergleichen. Trotzdem lassen sich einige Schriftsteller[1]) durch den Umstand, daß das Entgelt häufig in Form einer Rente entrichtet wird, dazu verleiten, den der Bestellung des dinglichen Rechts zugrunde liegenden obligatorischen Vertrag als Pacht aufzufassen, statt wie im Nießbrauchsrechte[2]) als Kauf. Es braucht indessen auf diese Streitfragen nicht eingegangen zu werden, da die Lizenz auf ein Patent zwar wirtschaftlich der an einem technischen Geheimnis bestellten überaus ähnlich ist, rechtlich jedoch völlig anders bewertet werden muß[3]). In beiden Fällen gestattet der Inhaber des Patents und des Geheimnisses Dritten die gewerbliche Benutzung, was den gemeinsamen Namen rechtfertigt. Für den Lizenznehmer mag es wirtschaftlich unter Umständen ziemlich gleichgültig sein, ob er eine Lizenz auf die patentierte oder auf die noch nicht angemeldete Erfindung besitzt. Die rechtlichen Hauptverpflichtungen, die sich aus dem Lizenzvertrage ergeben, sind aber in beiden Fällen durchaus verschieden. Handelt es sich um ein Patent, so ist dieses dem Lizenznehmer bereits bei Vertragschluß bekannt; der lizenzgewährende Patentinhaber begibt sich ihm gegenüber seines Ausschlußrechts. Beim Geheimnis- oder Erfindungsbesitz fehlt es dagegen an der Kenntnis des Lizenznehmers, welcher sie gerade mittels des Vertrages

[1]) Siehe dagegen auch RG. in JW. 07, 136 Nr. 17; was dort von der ausschließlichen Lizenz gesagt ist, muß auch für die gewöhnliche gelten, wenn man sie als absolutes Recht ansieht. Stern-Oppenheimer § 6 Nr. 27.

[2]) Vgl. RGRäte vor § 1030 Nr. 1; M. Wolff, Sachenrecht § 115 Nr. 7.

[3]) Grundsätzlich abweichend Isay, Anhang Nr. 18.

zu erwerben sucht. Seines Ausschlußrechts braucht sich der Lizenzgeber nicht erst zu entäußern, da ihm ein solches überhaupt nicht zusteht. Sobald der Erwerber das Geheimnis kennt, fehlt dem Lizenzgeber jede rechtliche Möglichkeit, ihn an der Ausnutzung zu hindern. Für das Patent stellt sich die Lizenz als echte Belastung dar, für den Geheimnisbesitz ist dies schon darum ausgeschlossen, weil er kein absolutes Recht in dem Sinne darstellt, daß er der Belastung durch ein anderes fähig wäre. Allerdings wird der Geheimnisbesitz des Lizenzgebers in seinem wirtschaftlichen Werte durch das Hinzutreten des neuen Geheimnisbesitzes auf seiten des Lizenznehmers etwa ebenso gemindert wie das Patentrecht durch die belastende Lizenz. Dennoch wäre es eine schiefe Vorstellung anzunehmen, daß der zweite Lizenzbesitz für den ersten auch nur etwas Belastungsähnliches darstellt. Dem Verhältnis von Grundrecht und Belastung ist eigentümlich, daß ersteres eine größere Verfügungsmacht gewährt als letztere; der Inhaber des Grundrechts kann vielleicht die Belastung zum Erlöschen bringen, z. B. der Patentinhaber verzichtet auf das Patent, an welchem eine gewöhnliche Lizenz besteht. Nie hat aber der Inhaber des belastenden Rechts eine Verfügungsmacht über das Grundrecht; der Lizenzberechtigte kann das Patent nicht zum Erlöschen bringen[1]). Beim Geheimnis dagegen stehen sein ursprünglicher und sein neuer Besitzer einander in der Verfügungsmacht durchaus gleich. Der Lizenznehmer kann den Geheimnisbesitz des Nehmers gerade so zerstören, wie dieser den seinigen. Was sie daran hindert, was dem Geber in der Regel mehr Rechte gewährt, als dem Nehmer, sind lediglich obligatorische Beziehungen. Hierfür ist der obligatorische Lizenzvertrag maßgebend. Die Bestellung der sogenannten Lizenz auf ein Geheimverfahren ist nicht die Begründung eines neuen Rechtes oder einer rechtsähnlichen Belastung, sondern nichts anderes als die Übertragung des Geheimnisbesitzes. Da der Lizenzvertrag zu dieser Übertragung gegen Entgelt verpflichtet, erscheint er rechtlich als Kauf des Geheimnisbesitzes, dessen Grundsätze im vorigen Paragraphen entwickelt wurden. Und in der Tat besteht kein juristischer Unterschied zwischen beiden Verträgen, so daß die Kaufregeln auf den Lizenzvertrag zur Anwendung zu gelangen haben. Wenn der Inhaber eines ge-

[1]) Sofern die Gebühren bezahlt werden.

wöhnlichen Betriebsgeheimnisses dieses auf einen andern mit der Abrede überträgt, daß der Erwerber zur ausschließlichen Ausnutzung nördlich der Mainlinie, der Übertragende südlich davon befugt sein solle, so ist es gleichgültig, ob ich darin einen (teilweisen) Verkauf oder die Bestellung einer ausschließlichen örtlichen Lizenz sehe; nach erfolgter Übertragung stehen sich beide Parteien gleichberechtigt gegenüber, und der Geheimnisbesitz des Erwerbers belastet den des Übertragenden gerade so, wie dieser den des ersteren.

Dennoch ist es keineswegs unerheblich, ob die Parteien für einen solchen Vertrag die Bezeichnung „Kauf" oder „Lizenz" wählen. Denn bei Auslegung des obligatorischen Vertrages wird in Zweifelsfällen nach Analogie des Sachen- und Patentrechtes anzunehmen sein, daß beim „Kauf" der Verkäufer sich sämtlicher Rechte begibt, die er nicht ausdrücklich für sich behält, bei der „Lizenz" der Nehmer nur die ihm ausdrücklich zugestandenen Befugnisse erwirbt. Der „Kauf" ist zugunsten des Käufers, die „Lizenz" zugunsten des Gebers auszulegen. Hierzu bedarf es nicht einmal gerade des Gebrauchs der beiden Worte „Kauf" oder „Lizenz". Ist beispielsweise ein festes einmaliges Entgelt vereinbart, so spricht eine Vermutung zugunsten des „Kaufs"; wird dagegen die Vergütung periodisch, insbesondere nach der abgesetzten Stückzahl berechnet, so erscheint dem Parteiwillen entsprechend der Übertragende als „Lizenzgeber", im Zweifel also als der besser Berechtigte. Im obigen Fall würde, sofern das zur Ausnutzung nördlich der Mainlinie übertragene Geheimnis eine patentfähige Erfindung bildet und nach dem Wesen des Vertrags eine Anmeldung nicht überhaupt als ausgeschlossen zu gelten hat, mangels besonderer Abrede im Falle des „Kaufs" der Käufer, im Falle der „Lizenz" der Geber vertragsmäßig zur Anmeldung der Erfindung befugt sein. Geschähe es trotzdem von der anderen Partei, so hätte die geschädigte zwar nicht die possessorischen Rechtsbehelfe des Patentgesetzes, da gewollter Besitzübergang vorliegt, wohl aber die Vertragsklage auf Abtretung der Anmeldung oder des Patents. Mit dem Patenterwerb seitens des zur Anmeldung Befugten würde für die andere Vertragspartei ipso iure eine ausschließliche örtliche Lizenz entstehen; einer ausdrücklichen Bestellung bedarf es hierzu nicht mehr, sofern man die Verfügung über künftige Rechte für möglich erachtet.

Die Ausdrücke „Lizenz" und „Kauf" finden sich in den Verträgen über ein Geheimverfahren also je nachdem, ob der Veräußerer oder der Erwerber größere Rechte erlangen soll. Handelt es sich um eine territorial begrenzte Übertragung, so ist meist von Lizenz die Rede. Aber es finden sich auch in richtiger Empfindung dafür, daß ein rechtlicher Unterschied beim Geheimnis nicht besteht, die Ausdrücke Verkauf und Lizenz nebeneinander, so bei dem oben erwähnten[1]) „Verkauf" des Pomrilverfahrens für Mannheim, für das eine „Verkaufssumme" und „Lizenzgebühr" zu entrichten waren.

Während bei der Lizenzbestellung an einem Patente in der Regel obligatorischer und dinglicher Vertrag zusammenfallen[2]), so stellen sie beim Geheimnis fast stets zwei verschiedene Rechtsakte dar; denn die Übertragung des Geheimnisbesitzes, die Erfüllung, erfolgt nicht wie die Bestellung einer Patentlizenz durch schlichte Einigung, sondern durch besondere Kundgabe. Diese geschieht in derselben Weise wie die Erfüllung des Geheimniskaufs; insbesondere findet sich in vielen Lizenzverträgen die an sich selbstverständliche, aber im einzelnen besonders zu regelnde Anlernungspflicht[3]). Während auch im übrigen für den Lizenzvertrag die Grundsätze für den Geheimniskauf gelten, soweit nicht Wortlaut und Sinn des Vertrages etwas anderes bedingen, verdient eine Ausnahme erwähnt zu werden. Diese ergibt sich, ohne daß es auf den Unterschied gerade zwischen Kauf und Lizenz ankäme, bezüglich der Geheimhaltungspflicht. Auf seiten des Übertragenden besteht sie stets auch nach der Kundgabe des Geheimnisses an den Erwerber fort, mag es sich um „Kauf" oder „Lizenz" handeln. Für den Erwerber wird indessen eine solche Pflicht in der Regel nur begründet, sofern nach dem Vertrage auch noch der Veräußerer des Geheimnisbesitzes zu seiner Verwertung befugt erscheint. Da dies bei der sogenannten Lizenz immer der Fall ist, ist der Lizenznehmer durchweg zur Geheimhaltung der erworbenen Kenntnis gegenüber dem „Geber" verpflichtet. Diese Pflicht wird ebenso wie die des Lizenzgebers im Leben regelmäßig durch Versprechen von Vertragsstrafen

---

[1]) Vgl. oben § 35 S. 129; siehe auch GRuU. 98, 369.

[2]) Vgl. Isay § 6 Nr. 20.

[3]) Vgl. RGZ. 82, 155 = Bl. 1918, 39 = MuW. 12, 551 über das Konitverfahren, § 3 des Vertrages. Ferner GRuU. 98, 369.

gegen Verletzung gesichert [1]). Sie ist aber nicht nur der „Lizenz" eigentümlich; denn sie besteht ebenso beim Verkaufe des Betriebsgeheimnisses, sofern der Veräußerer zur Weiterbenutzung im eigenen Betriebe befugt bleibt oder sonst ein berechtigtes Interesse an der Geheimhaltung durch den Erwerber hat.

§ 37.

Bei der Zwangsvollstreckung muß entsprechend dem System des achten Buches der ZPO. unterschieden werden, ob sie wegen Geldforderungen stattfindet (2. Abschnitt), oder um die Herausgabe von Sachen, oder um sonstige Handlungen und Unterlassungen zu erwirken (3. Abschnitt). Im ersteren Falle wäre der Geheimnisbesitz Mittel zum Zweck, indem möglicherweise der Gläubiger durch Pfändung und Verwertung des Geheimnisses Befriedigung für eine anderweit bestehende Geldforderung erhielte. Dagegen kommt der 3. Abschnitt des 8. Buches der ZPO. zur Anwendung, sofern der Geheimniskäufer seinen vertragsmäßig begründeten Anspruch auf Übertragung des Geheimnisbesitzes zwangsweise durchzusetzen sucht.

Um letzteres vorwegzunehmen, so können die §§ 883 bis 886 ZPO., die die Herausgabe von Sachen zum Gegenstand haben, auf die Übertragung des Geheimnisses nicht entsprechend zur Anwendung gelangen. Denn der hier vorgesehene Zwang durch den Gerichtsvollzieher scheitert an der Möglichkeit seiner Durchführung; der Gerichtsvollzieher kann dem Geheimnisverkäufer das Geheimnis nicht wegnehmen, sofern die Kenntnis sich lediglich in seinem Innern birgt oder in einem Verfahren angewandt wird. Auch wenn das Geheimnis in einem Rezept, einer Zeichnung oder einem Modell körperlichen Ausdruck gefunden hat, so bleibt zu beachten, daß die Verpflichtnng des Verkäufers nicht gerade in der Übergabe dieses bestimmten Substrates besteht; er kann statt dessen, wie es im Fall der sog. Lizenz naturgemäß ist, auch eine Abschrift oder Nachbildung übergeben, um dem Erwerber den Geheimnisbesitz, die Kenntnis zu verschaffen. Die Vollstreckung hat die Erwirkung einer anderen Handlung als die Herausgabe von Sachen oder dergleichen zum Gegenstande. Da die Übertragung des Geheimnisbesitzes ferner wegen seiner Geheimheit nicht durch einen Dritten

[1]) Vgl. z. B. GRuU. 98, 369; 99, 247.

erfolgen kann, sondern ausschließlich vom Willen des verkaufenden Besitzers abhängt, gelangt für die Vollstreckung § 888 ZPO. zur Anwendung. Ausschließlich vom Willen des Verkäufers abhängig ist die Übertragung des Erfindungsbesitzes auch dann, wenn die Kenntnis der technischen Regel nur in seinem Kopfe besteht und eine Niederschrift oder sonstige Verkörperung der Erfindung noch nicht stattgefunden hat. Denn eine solche erfordert nur die allgemeinen Kenntnisse, sobald die Erfindung einmal durchdacht ist, und nicht mehr eine über den bloßen Willen hinausgehende geistige Schöpfungstat[1]).

Der „Käufer" oder „Lizenznehmer" des Geheimverfahrens, der ein vollstreckbares Erkenntnis, das den Verkäufer zur Übertragung des Geheimnisbesitzes verurteilt, in den Händen hat, wendet sich nach dessen Zustellung an das Prozeßgericht erster Instanz. Auf seinen Antrag beschließt dies, daß der Schuldner zur Übertragung durch Geldstrafen bis zum Gesamtbetrage von 1500 M. oder durch Haft (bis zu 6 Monaten § 913 ZPO.) anzuhalten sei. Hierbei ist entscheidend, daß der Vertrag, durch den sich jemand zur Übertragung eines Geheimnisses verpflichtet, kein Dienstvertrag ist, wie die frühere Rechtsprechung annahm[2]); denn alsdann wäre eine Vollstreckung gemäß § 888 II ZPO. ausgeschlossen. Dementsprechend hat sie auch dann zu unterbleiben, wenn die Anlernung längere Zeit beanspruchen und sich als Dienstleistung des Schuldners darstellen würde. Hier ist der Gläubiger beschränkt auf die Geltendmachung seines Schadensersatzanspruches, die ihm die §§ 283 BGB., 255, 510b, 888a ZPO. erleichtern. Sonst aber ist der Beugezwang gemäß § 888 ZPO. statthaft; er erübrigt sich in den Fällen, in denen die Geheimnisübertragung ausnahmsweise durch schlichte Einigung (§ 854 II BGB.) erfolgt[3]), z. B. wenn der Prinzipal dem angestellten Besitzdiener die von ihm gemachte Erfindung überlassen soll. Sollte ausnahmsweise der hierauf zielende Verpflichtungsvertrag nicht die dingliche Einigung bereits erhalten, so daß der Angestellte im Streitfalle nur die Feststellung der Rechtmäßigkeit seines bereits bestehenden Erfindungsbesitzes verlangt, so würde das Urteil auf Abgabe der Einigungserklärung, das der

---

[1]) Vgl. RGZ. 39, 420 = Bl. 4, 3 = G. 12, 71.

[2]) So jetzt noch Seligsohn § 3 Nr. 4 S. 78.

[3]) Siehe oben § 34 S. 114.

Angestellte gegen den Prinzipal erstreitet, doch der Vollstreckung nicht mehr bedürfen. Denn nach § 894 gilt die Einigung bereits mit der Rechtskraft des Urteils als erklärt.

§ 38.

Schwieriger liegt die Frage der Pfändung des Geheimnisbesitzes. Sie hat erhebliche praktische Bedeutung, da die Fabrikgeheimnisse mitunter große wirtschaftliche Werte besitzen. Hat ein Gläubiger des Fabrikbesitzers auf sie den Zugriff, um sich für seine Geldansprüche zu befriedigen? Macht es bezüglich der patentfähigen Erfindungen einen Unterschied, ob sie bereits angemeldet oder patentiert sind, oder ob sie nur als Betriebsgeheimnisse Anwendung finden? Da die Zulässigkeit der Pfändung von Patenten zweifellos ist und auch von Anmeldungen (Ansprüchen auf Patenterteilung) heute mit Recht überwiegend bejaht wird[1]), fragt sich, ob der Erfindungsbesitzer etwa den Zugriff seiner Gläubiger auf die Erfindung dadurch wirksam vereiteln kann, daß er die Anmeldung unterläßt und die Erfindung nur als Betriebsgeheimnis verwertet. Während über die Unpfändbarkeit des Betriebsgeheimnisses wohl Einigkeit herrscht, stehen sich bezüglich der noch nicht angemeldeten Erfindung drei Ansichten gegenüber.

Die überwiegende Meinung lehnt die Pfändbarkeit der Erfindung vor ihrer Anmeldung ab und begründet[2]) dies damit, daß das Erfinderrecht in seinem ursprünglichen Kerne kein Vermögensbestandteil[3]), sondern Teil der individuellen Persönlichkeitssphäre sei; ein Einbruch in diese, um das Geheimnis herauszuholen, sei unstatthaft. Dem läßt sich entgegenhalten, daß von Fehlen des Vermögenscharakters oder Eindringen in den Persönlichkeitskreis nicht gesprochen werden kann, sofern der Schuldner die Absicht vermögensrechtlicher Verwertung bereits kundgetan oder ausgeführt hatte; das Verfahren wird beispielsweise im Betriebe angewandt, es schweben darüber Kaufverhandlungen, „Lizenzen" darauf sind schon erteilt. Anderseits ist auch die Pfändung der bereits angemeldeten Erfindung, sofern sie vor der Bekannt-

---

[1]) So bereits RGZ. 52, 227 = Bl. 03, 139.

[2]) Siehe besonders Gierke, Deutsches Privatrecht I, 892; Kohler, Handbuch 264; abweichend im Lehrbuch des Patentrechts 227f.

[3]) So auch OLG. Köln in Rspr. 15, 6 = LZ. 07, 72 = Bl. 07, 236.

machung erfolgt, ein Eindringen in ein Geheimnis; denn erst mit dieser erlischt der Geheimnisbesitz[1]). Kann doch die Anmeldung jederzeit zurückgenommen werden, so daß der Erfindungsbesitzer noch in der Lage ist, sich sein Geheimnis zu erhalten!

Eine zweite Ansicht, die insbesondere von Adler[2]) eingehend vertreten worden ist, hält die Pfändung nach Analogie der Urheberrechtsgesetze gegen den Erfinder und seine Erben ohne deren Einwilligung für unstatthaft, im übrigen aber unbeschränkt für zulässig. Diese Auffassung entspricht der von uns abgelehnten Grundanschauung, daß es neben dem vom PG. allein berücksichtigten Erfindungsbesitz noch ein selbständiges Recht des schöpferischen Erfinders gebe, auf welche urheberrechtliche Grundsätze entsprechend zur Anwendung gelangen könnten[3]). Aber selbst von diesem Standpunkte aus ist die gezogene Analogie nicht zutreffend. Dem Erscheinen des Werks würde doch bei der Erfindung die Erteilung des Patents entsprechen. Während dieses aber unbeschränkt pfändbar ist, bedarf es zur Zwangsvollstreckung in das Urheberrecht, selbst wenn das Werk erschienen ist, der Einwilligung des Autors. Diese wird erfordert, damit nicht wider seinen Willen das Werk neu aufgelegt werden kann[4]). Bei einem Erfinder, der auf sein Geheimverfahren Lizenzen erteilt, kann ein ähnliches individuelles Interesse nicht mehr als berechtigt anerkannt werden. Auch ist zu beachten, daß in der Regel der Fälle das Urheberrecht nach Erscheinen des Werks durch ein daneben tretendes Verlagsrecht seines vermögensrechtlichen Charakters beinahe entkleidet wird, was den Gläubiger den vielleicht übertriebenen gesetzlichen Autorschutz nicht schwer empfinden läßt. Im Erfinderrecht dagegen, dessen wirtschaftliche Seite stets überwiegt, würde es eine ungleich größere Härte für den Gläubiger bedeuten, daß ihm ohne Einwilligung des Erfinders der Zugriff auch dann verwehrt wird, wenn dieser sein Recht im eigenen oder fremden Betriebe wirtschaftlich ausbeutet. Adler muß ferner selbst den § 10, 2 LitUG., § 14 II KunstUG., für unanwendbar

---

[1]) Folgerichtig läßt Gierke aaO. die Pfändung erst nach der Bekanntmachung zu.

[2]) GRuU. 1919, 18ff., woselbst erschöpfende Literaturangabe. Ebenso Seligsohn § 3 Nr. 4 S. 79.

[3]) Vgl. oben § 31 S. 101.

[4]) Vgl. Riezler, Deutsches Urheber- und Erfinderrecht S. 301.

erklären, und was noch bedenklicher erscheint, die zum Urheberrecht gezogene Analogie auf natürliche Personen beschränken. Die Erfinderrechte der juristischen Personen — und diese dürften mit Rücksicht auf die zunehmende Vergesellschaftung einerseits, die Lehre von der Angestellten- und Etablissementserfindung anderseits die größere Zahl bilden — hält Adler dagegen für unbeschränkt pfändbar, weil hier auch er ein dem Autorrechte entsprechendes Persönlichkeitsrecht nicht anzuerkennen vermag. Vor allem spricht aber gegen die Adlersche Urheberrechtstheorie die verschiedene Behandlung, die sie dem gewöhnlichen und dem patentfähigen Betriebsgeheimnis zuteil werden lassen muß. Da bei ersterem die Analogie zum Autorrecht doch sicherlich versagt, so müßte bei jeder Pfändung des Betriebsgeheimnisses geprüft werden, ob die vielleicht bereits Jahre zurückliegende Einführung der technischen Neuerung seitens des Fabrikanten nach dem damaligen Stande der Technik eine Erfindung bedeutete oder nicht. Ein meines Erachtens verfehltes Ergebnis!

Die dritte Ansicht[1]) hält schließlich die Pfändung der noch nicht angemeldeten Erfindung für unbeschränkt zulässig, sofern sie sich praktisch durchführen läßt.

Zutreffend im Ergebnis erscheint die herrschende Ansicht, die die Pfändbarkeit der Geheimnisse grundsätzlich ablehnt. Nur hat dies nichts mit einem wie immer gearteten Persönlichkeitsrechte zu tun, sondern es findet seinen Grund in der positiven Ausgestaltung unseres Vollstreckungsrechtes. Da die Geheimnisse zum beweglichen Vermögen gehören, soweit sie überhaupt selbständige, wirtschaftliche Werte darstellen, müßte gemäß § 803 ZPO. die in sie stattfindende Zwangsvollstreckung durch Pfändung erfolgen; mit dieser würde der Gläubiger an dem gepfändeten Geheimnis ein Pfandrecht erwerben, das im allgemeinen den für das Vertragspfandrecht gegebenen Normen unterläge. Hieraus ergibt sich, daß nur solche Gegenstände gepfändet werden können, die fähig sind, Objekte des rechtsgeschäftlich bestellten Pfandrechts zu sein[2]). Dies sind nach dem bürgerlichen Recht ausschließlich Sachen und Rechte (§§ 1204, 1273 BGB.), nicht dagegen sonstige Gegenstände. Das kaufmännische Unter-

[1]) Kent S. 160; Isay, Anhang Nr. 19; Klein, LZ. 08, 210; Wertheimer, LZ. 08, 282 Nr. 8; Stern-Oppenheimer, Einl. Nr. 31.

[2]) Stein, ZPO. 804 II 2.

nehmen, die ärztliche Praxis, die Kundschaft sind zwar der Übertragung fähige Gegenstände, sie können aber nach bürgerlichem Rechte nicht verpfändet werden, wie auch in der Rechtsprechung bezüglich einiger Zweifelsfälle[1]) anerkannt worden ist. Gleiches gilt vom Betriebsgeheimnis und vom Erfindungsbesitz. Bezüglich des letzteren müßte man allerdings anderer Ansicht sein, sofern man mit der herrschenden Meinung ein absolutes Erfinderrecht[2]) anerkennt. Demgemäß nehmen auch Kohler (Handbuch 263) und Seligsohn (§ 3 Nr. 4, S. 79) die Verpfändbarkeit des Erfinderrechts an. Dies erscheint indessen nicht zutreffend. Es sprechen zunächst in verstärktem Maße sämtliche Gründe dagegen, die bezüglich der Übertragung der Erfindung die Annahme eines gewöhnlichen absoluten Rechtes ausschlossen. Auch für die Verpfändung des Erfinderrechts würde eine schlichte Einigung ohne Kundgabe der Erfindung nicht genügen können, sofern der Pfandgläubiger ihren Inhalt nicht kennt; ein solcher Vertrag könnte nur die obligatorische Verpflichtung zur Pfandbestellung begründen. Geschieht aber die Pfandbestellung durch Kundgabe der Erfindung, so wird der Pfandgläubiger Erfindungsbesitzer und der Pfandvertrag kann der unbeschränkten Ausübung seines Erfindungsbesitzes nur obligatorische Schranken ziehen, aber den Gläubiger nicht dinglich daran hindern. Der Erfindungsbesitz des Pfandgläubigers und der des Verpfänders stehen sich alsdann, von schuldrechtlichen Verpflichtungen abgesehen, gleichberechtigt gegenüber und sind voneinander unabhängig. Insbesondere fehlt es an dem Wesensmerkmal der Unselbständigkeit (Akzessorietät) der Pfandrechte (§§ 1273, 1250 BGB.), durch welche diese mit der ihnen zugrunde liegenden Forderung verknüpft werden. Entgegen dem Grundsatze des § 1250 kann der Pfandgläubiger die gesicherte Forderung abtreten, ohne daß der Erfindungsbesitz auf den Erwerber mit übergeht. Ebenso kann er den Erfindungsbesitz nicht nur einmal, sondern sogar mehrmals übertragen und die Forderung zurückbehalten. Und schließlich erlischt sein Pfandrecht an dem Erfinderrechte, das, von obligatorischen Beziehungen abgesehen, nichts anderes als der erworbene Erfindungsbesitz ist, nicht dadurch, daß bei Übertragung der Forderung

[1]) RGZ. 68, 54; 70, 228.

[2]) Aus diesem Grunde für die Pfändbarkeit Klein, LZ. 08, 210.

der Übergang des Erfindungsbesitzes auf den Zessionar ausgeschlossen wird; vielmehr bleibt der Erfindungsbesitz des Pfandgläubigers davon unberührt. All dies ist mit dem wahren Wesen eines Pfandrechts am Rechte unverträglich.

Auch die Befriedigung aus dem verpfändeten „Erfinderrechte" würde außerordentliche Schwierigkeiten zeitigen. Sie hätte gemäß § 1277 BGB. nach den für die Zwangsvollstreckung geltenden Vorschriften zu geschehen. Sie könnte durch gerichtliche Überweisung oder durch völlige oder teilweise Veräußerung erfolgen. Für die erstere käme, sofern man sie mangels eines Drittschuldners überhaupt für denkbar hält, nur die Überweisung zur Einziehung in Frage, da das Erfinderrecht keinen Nennwert besitzt. Diese Überweisung, die die Zwangsvollstreckung ja noch nicht beendet, hat im Pfändungsrecht den Zweck, dem Gläubiger die bis dahin fehlende Verwertungsbefugnis zu verschaffen[1]). Bei der Pfändung des Erfinderrechts dagegen würde der Gläubiger durch die Überweisung zur Einziehung gar keine Befugnisse erlangen, die er nicht schon vorher besessen hätte. Hatte er nämlich bereits Kenntnis von dem Erfindungsinhalte, so kann er nach dem Überweisungsbeschlusse die Erfindung durch Anmeldung und vielleicht auch durch Veräußerung verwerten; dazu war er aber als Erfindungsbesitzer schon vorher in der Lage, ohne daß mit Rücksicht auf die freiwillige Besitzübertragung des Verpfänders diesem gegen eine Anmeldung etwa Einspruch und Nichtigkeitsklage zugestanden hätten. Hat der Gläubiger aber trotz des Überweisungsbeschlusses noch keine Kenntnis von der Erfindung, so kann er gemäß § 836 III ZPO. von dem Schuldner (Verpfänder) die zur Übertragung des Erfindungsbesitzes nötige Auskunft verlangen; dies kann er jedoch, wie der Umkehrschluß aus Satz 2 des Abs. III von § 836 beweist, nicht in dem Vollstreckungsverfahren, sondern nur mittels besonderer Klage geltend machen[2]). Dazu bedurfte es aber nicht erst des Überweisungsbeschlusses; denn hierzu war er schon auf Grund des Verpfändungsvertrages nach §§ 1274, 413, 402 BGB. in der Lage. Das gesamte zur Überweisung führende Verfahren erscheint daher überflüssig und zwecklos.

---

[1]) Vgl. Stein, ZPO. § 835 IV.

[2]) Vgl. Stein, ZPO. § 836 III.

Geschieht die Verwertung des verpfändeten Erfinderrechts im Zwangsvollstreckungswege aber in der zweiten möglichen Form, nämlich durch Veräußerung, wie sie bei Patenten üblich ist, so führt dies zu dem von Kohler (Handbuch S. 263 f.) selbst erwähnten mißlichen Ergebnis, „daß hierdurch die Erfindung veröffentlicht und damit sowohl die Möglichkeit des Patentes entzogen, als auch das Geheimnis gebrochen" wird. Und sollte das selbst durch besondere Maßnahmen gemäß § 844 ZPO. vermieden werden, so gilt hier doch das gleiche, wie bei der Überweisung des verpfändeten Erfinderrechts; der Gläubiger hatte als Erfindungsbesitzer bereits vorher die Möglichkeit, die Erfindung zu verkaufen, so daß die Anordnung des Vollstreckungsgerichtes überflüssig erscheint. Dem steht auch nicht entgegen, daß der Gläubiger nach dem obligatorischen Pfandvertrage zum Verkaufe der verpfändeten Erfindung nicht berechtigt war; denn die Anordnungen des Vollstreckungsgerichtes sollen dem Gläubiger Befugnisse verleihen, die er noch nicht besitzt, nicht aber seine obligatorischen Beziehungen zu dem Schuldner neu regeln. — Gleiches gilt von der letzten Verwertungsmöglichkeit, an die man denken könnte, daß nämlich das Vollstreckungsgericht dem Gläubiger bis zu seiner völligen Befriedigung zwangsweise eine Lizenz an der verpfändeten Erfindung bestellt (§ 844 ZPO.). Auch diese erübrigt sich, da, abgesehen von der obligatorischen Bindung, der Gläubiger auch ohne sie zur Benutzung der Erfindung als Erfindungsbesitzer in der Lage war.

All diesen widerspruchsvollen Folgerungen kann man nur entgehen, indem man die Theorie des absoluten Erfinderrechts und der Verpfändbarkeit bezüglich der noch nicht angemeldeten Erfindung ablehnt. Der Erfindungsbesitz ist zwar ebenso wie der Sachbesitz eine Rechtstellung und ein „sonstiges Recht" im Sinn des § 823 I BGB., er kann aber ebensowenig wie dieser Gegenstand eines Pfandrechts sein. Dies gilt, wie wohl allgemein zugegeben werden dürfte, erst recht von sonstigen, der Rechtsnatur entbehrenden Betriebsgeheimnissen, und es ist in der Tat auch nicht einzusehen, warum bezüglich gewöhnlicher Betriebsgeheimnisse und solcher mit Erfindungscharakter eine verschiedene Beurteilung in dieser Hinsicht stattfinden soll. Es erscheint widerspruchsvoll anzunehmen, daß die Verpfändung des geheimen Pomrilverfahrens gültig sein soll, wenn später einmal darauf ein Patent erteilt wird, aber ungültig, sofern das PA. die spätere Anmeldung mangels Vorliegens einer Erfindung zurückweist.

Somit ist im Ergebnis festzustellen, daß Betriebsgeheimnis und Erfindungsbesitz nicht fähig sind, Objekte von rechtsgeschäftlich bestellten Pfandrechten zu sein. Daraus folgt, daß sie auch der Pfändung nicht unterliegen. Dieser Grund ist durchschlagend, so daß sich ein nochmaliges Eingehen auf die ihrer Durchführung entgegenstehenden Schwierigkeiten erübrigt. Wie diese mit zu einer Verneinung der Verpfändbarkeit führten, so folgt umgekehrt aus der Unmöglichkeit der Verpfändung die Unpfändbarkeit. Es entspricht dies nur der allgemeinen Regel, daß sich Pfändbarkeit und Verpfändbarkeit auf die gleichen Objekte beziehen. Auch der Wortlaut des § 857 ZPO. kommt dieser Auffassung entgegen, indem er von der Zwangsvollstreckung nur in Vermögensrechte, nicht aber in sonstige Gegenstände spricht. Demgemäß hat das RG. die Pfändbarkeit des wirtschaftlichen Unternehmens[1]), der Kundschaft und des Zeitschrifttitels verneint[2]). Gerade bei ersterem tritt zutage, daß dies nicht auf einem Gebote der Rechtslogik beruht, wie dies Persönlichkeits- und Urheberrechtstheorie im Grunde gern für den Erfindungsbesitz annehmen möchten, sondern seine Ursache in der positiven Ausgestaltung des deutschen Vollstreckungsrechts hat. Denn nach der österreichischen Exekutionsordnung § 341 ist beispielsweise eine Pfändung von Unternehmen durch Zwangsverwaltung oder Zwangsverpachtung zulässig[3]). Die Übertragbarkeit der Geheimnisse wird durch ihre Unpfändbarkeit nicht berührt; die §§ 413, 400 BGB. gelangen ebensowenig wie bei Unternehmen, Kundschaft, Praxis zur Anwendung, weil es sich nicht um Rechte, sondern um andere Gegenstände handelt. Schließlich verdient noch die Analogie zum Sachbesitze erwähnt zu werden; wie dieser

[1]) Aus der Unpfändbarkeit des Betriebes folgt auch die Unpfändbarkeit des mit ihm verknüpften Vorbenutzungsrechts (§ 5 PG.); so auch Wertheimer, LZ. 08, 363 gegen Kent § 5 Nr. 94.

[2]) RGZ. 70, 226f.; 95, 235; Str. 42, 424. Ebenso KG. OLG. 38, 225. Abweichend OLG. Dresden in LZ. 1910, 332ff.; dagegen zutreffend Rud. Isay, Recht am Unternehmen 81 Nr. 1, 188. Ferner abweichend LG. Dresden in LZ. 1915, 1261 Nr. 5 = Busch's Z. 46, 431, m. E. in Überspannung des reichsgerichtlichen Begriffs vom „Recht am eingerichteten Gewerbebetriebe".

[3]) Vgl. auch das französische Gesetz v. 1. 3. 1898 und Rud. Isay aaO. S. 81ff., 195ff. sowie in LZ. 1911, 287ff.

der Pfändung nicht unterliegt, so auch nicht der Geheimnisbesitz.

Ist der Erfindungsbesitz als solcher unpfändbar, so muß gleiches von den Gestaltungsrechten gelten, die ihm entgegenspringen: den Rechten auf Einspruch und Nichtigkeitsklage. Denn diese sind nur im Rahmen des Erfindungsbesitzes gegeben und können außerhalb davon ebensowenig den Gegenstand selbständiger Pfändung[1]) bilden, wie sonstige Rechte des rechtlichen Könnens, die mit einem bestimmten Rechtsverhältnis verknüpft sind (Anfechtung nach dem Anfechtungsgesetze, Kündigung usw.)[2]).

Auffällig ist es, daß gerade Isay, der Begründer der Lehre vom Erfindungsbesitz, dafür eintritt, daß dieser der Zwangsvollstreckung unterliegt[3]). Seine Ausführungen erscheinen indessen widerspruchsvoll. Er verkennt nicht die Schwierigkeiten der Durchführung einer Vollstreckung, meint aber den § 888 ZPO. anwenden zu können. Dieser kommt indessen für die Pfändung gar nicht in Frage. Daß der Anspruch auf Übertragung des Geheimnisbesitzes zwangsweise gemäß § 888 ZPO. durchgesetzt werden kann, wurde bereits oben dargelegt. Ob aber Vermögen der Zwangsvollstreckung unterliegt, bestimmt sich nach dem zweiten Abschnitt des achten Buches der ZPO., der die Pfändung behandelt, und nicht nach dem dritten, in welchem sich der § 888 findet. Und wenn Isay meint, es wäre nicht einzusehen, warum beim Konkurse einer chemischen Fabrik die Betriebsgeheimnisse nicht mitverwertet werden dürften, so verkehrt er, falls er daraus auf die Pfändbarkeit schließen will, den Grundsatz des § 1 KO. in sein Gegenteil.

§ 39.

Zur Konkursmasse gehört nur solches, dem Gemeinschuldner zur Zeit der Konkurseröffnung gehöriges Vermögen, das der Zwangsvollstreckung unterliegt, das also, soweit es sich um bewegliches Vermögen handelt, gepfändet werden kann. Die Zugehörigkeit zur Masse richtet sich daher nach der Pfändbarkeit, und nicht etwa diese nach jener. Technische Geheimnisse und Erfindungs-

---

1) A. M. Isay § 3 Nr. 25.

2) Vgl. Stein, ZPO. § 857 I 1.

3) Isay, Anhang Nr. 19.

besitz sind, weil unpfändbar, in der Regel konkursfreies Vermögen[1]). Es gelten hier im Ergebnis ähnliche Grundsätze, wie sie die Rechtsprechung bezüglich der Kundschaft und der ärztlichen Praxis entwickelt hat[2]). Auch diese gehören an sich nicht zur Konkursmasse, aber nicht deshalb, weil sie keine Vermögensbestandteile des Gemeinschuldners darstellen, wie das Reichsgericht gelegentlich meint, sondern weil sie der Pfändung nicht unterliegen[3]). Ebensowenig wie Kundschaft und Praxis darf der Verwalter die Geheimnisse und den Erfindungsbesitz selbständig im Interesse der Masse veräußern. Soweit deren Inhalt ihm unbekannt ist, darf er nicht durch entsprechende Anwendung des § 117 KO. in den Geheimnisbesitz des Gemeinschuldners einzudringen versuchen; er kann weder auf Grund einer vollstreckbaren Ausfertigung des Eröffnungsbeschlusses (§§ 73 KO., 794 Z. 3 ZPO.) den Gemeinschuldner im Wege des § 888 ZPO. zur Offenbarung seiner Geheimnisse zwingen, noch dies mittels der Beugehaft des § 101 II KO. zu erreichen streben.

Auch wenn der im Konkurs befindliche Erfinder die vorher gemachte Erfindung nach Eröffnung anmeldet, so fallen der Anspruch auf Patenterteilung wie das Patent selbst nicht in die Masse, sondern werden konkursfreies Vermögen[4]). Es liegt gerade so, als ob der Schuldner unpfändbare Sachen nach Konkurseröffnung veräußert; auch dieser Erlös wird sein freies Eigentum. Die Erfindung erscheint bei Konkurseröffnung als endgültig beschlagsfreier Gegenstand. Daher unterliegt ihre vorher erfolgte Veräußerung durch den Gemeinschuldner auch nicht der Gläubigeranfechtung. Dies gilt selbst dann, sofern der Erwerber die Erfindung später zum Patente anmeldet[5]). Denn da die Gläubiger auf die Erfindung, wenn sie noch im Vermögen des Gemeinschuldners gewesen wäre, unter keinen Umständen den Zugriff gehabt hätten, so sind sie durch die

[1]) Im Ergebnis ebenso, wenn auch auf Grund der Persönlichkeitstheorie: Jaeger, KO. § 1 Nr. 11; Allfeld § 6 Nr. 7; Kohler 264; Seligsohn § 3 Nr. 4; OLG. Köln, LZ. 07, 72.

[2]) Vgl. z. B. RG. in JW. 1914, 210 Nr. 26 = LZ. 1914, 492 = Gruchot 58, 1108.

[3]) Ebenso RGSt. 42, 425 f.

[4]) Kohler 282; Allfeld § 6 Nr. 7.

[5]) Abweichend OLG. 23, 211; Jaeger, KO. § 29 Nr. 43 a.

Veräußerung nicht benachteiligt. Daran ändert auch der Umstand nichts, daß, wenn der Gemeinschuldner die Erfindung vor Konkurseröffnung zum Patente angemeldet hätte, dieses in die Masse gefallen wäre. Zum Vergleich ziehe man den Fall heran, daß ein Gemeinschuldner auf den Pflichtteilsanspruch oder den Rückforderungsanspruch des verarmten Schenkers (§ 528 BGB.) verzichtet, bevor diese durch Vertrag anerkannt oder rechtshängig geworden sind (§ 852 ZPO.). Der Verzicht ist unanfechtbar, obwohl der Gemeinschuldner auch hier durch eigene Handlung, nämlich Klagerhebung vor Konkurseröffnung, die Zugehörigkeit zur Masse hatte bewirken können. Da die Gläubiger aber auf die Klagerhebung seitens des Schuldners ebensowenig einen Anspruch hatten wie auf seine Anmeldung der Erfindung, so ist deren Veräußerung ebenso unanfechtbar wie der Verzicht auf die beiden genannten Ansprüche. Dies gilt innerhalb wie außerhalb des Konkurses.

Ist der Erfindungsbesitz des Gemeinschuldners beschlagsfrei, so folgt das gleiche aus den für die Unpfändbarkeit hervorgehobenen Grundsätzen für die ihm entspringenden Rechte auf Einspruch und Nichtigkeitsklage, falls die Entnahme sich gegen den Gemeinschuldner und nicht gegen den Konkursverwalter richtet[1]).

Es begründet ferner keinen Unterschied, ob das Geheimnis lediglich im Kopfe des Gemeinschuldners besteht, oder bereits eine Verkörperung in der Außenwelt erfahren hat. Ist ein Rezept des Geheimverfahrens, eine Zeichnung oder Modell der erfundenen Maschine vorhanden, so kann der Verwalter nicht unter Berufung auf das Sacheigentum das Geheimnis zur Masse ziehen. Denn Papier und Zeichnung haben an sich ja keinen Vermögenswert, sondern nur als Substrat des konkursfreien technischen Geheimnisses[2]). Ebensowenig wie es bei der Verpflichtung, den Geheimnisbesitz zu übertragen, gerade auf die Übergabe der individuellen Urkunde ankam, sondern Urschrift und Abschrift gleichgestellt waren, dürfen Einzel- oder Gesamtvollstreckung auf diese Verkörperungen der Geheimnisse gerichtet werden. Anderes gilt lediglich dann, wenn dem verkörpernden Gegenstande an sich ein Wert zukommt[3]).

---

1) Abweichend Isay § 3 Nr. 25.

2) OLG. Köln in LZ. 07, 72.

3) Vgl. hierzu auch Hüfner, Die Pfändbarkeit patentamtlicher Proben und Modelle in LZ. 1914, 637f.

Dies ist der Fall, sofern das Betriebsgeheimnis oder die Erfindung in verwendungsfähigen Maschinen dargestellt wird. Alsdann unterliegen diese mit ihrem Sachwerte der Einzel- wie der Gesamtvollstreckung, und der Schuldner kann dagegen nicht einwenden, daß sie zu seinem Geheimnisbesitze gehören. Überwiegt der Wert des Geheimnisses den der Sache, so kommt es auf den Einzelfall an, ob die Vollstreckung zulässig erscheint. Um pfand- und konkursfreies Gut kann es sich nur dann handeln, wenn der Sachwert unverhältnismäßig hinter dem des Geheimnisses zurückbleibt; die hölzernen Modelle sollen beispielsweise als Brennholz verkauft werden. Bei der verwendungsfähigen Maschine ist dagegen zu berücksichtigen, daß den Gläubigern in der Regel der Zugriff auf das gesamte Vermögen des Schuldners zusteht und dieses Interesse den Vorzug vor dem Geheimnisbesitz um so eher verdient, als ein auf ihn gerichtetes Persönlichkeitsrecht nicht anerkannt werden kann.

Gelten vorstehende Grundsätze unbeschränkt, soweit technische Geheimnisse des einzelnen Ingenieurs oder Erfinders in Frage stehen, so erweitern sich die Rechte des Konkursverwalters, wenn es sich um einen gewerblichen Betrieb und die zu ihm gehörigen Betriebsgeheimnisse handelt. Der Betrieb „gehört als Inbegriff von Vermögenswerten rechtlicher und tatsächlicher Art (wie Bezugsquellen, Kundschaft, Betriebsgeheimnisse) zur Konkursmasse. Zugunsten der Konkursgläubigergemeinschaft wird also eine Ausnutzung von Werten ermöglicht, die dem Zwangszugriff des einzelnen Gläubigers unzugänglich sind[1])". Insoweit gehören daher die Betriebsgeheimnisse zur Masse[2]). Bezüglich der Geheimverfahren, die in der im Konkurse befindlichen Fabrik zur Anwendung gelangen, ist der Verwalter Geheimnisbesitzer. Wenn die ordnungsmäßige Fortführung des Betriebes es erfordert, kann er die zum Betriebe bereits bei Konkurseröffnung gehörigen Erfindungen zum Patente anmelden. Ebenso kann er mit Genehmigung des Gläubigerausschusses oder der Gläubigerversammlung den Betrieb im ganzen nebst allen dazugehörigen Betriebsgeheimnissen, mögen sie patentfähig sein oder nicht, veräußern. Auf die Genehmigung des Gemein-

[1]) Jaeger, KO. § 134 Nr. 2.

[2]) Die Zugehörigkeit allgemein verneint Chr. Finger, UWG. § 17, 4g, falls der Gemeinschuldner nicht einwilligt.

schuldners kommt es dabei nicht an. Der abweichende Grundsatz, der für die Veräußerung des Geschäfts unter der Firma des Gemeinschuldners gilt, ist einer entsprechenden Übertragung nicht fähig[1]), weil zwar die Firma, nicht aber Betriebsgeheimnisse und Erfindungen Persönlichkeitsrechte bilden. Dagegen darf der Konkursverwalter nicht das einzelne Betriebsgeheimnis selbständig aus dem Betriebe heraus veräußern oder mit Lizenzen belasten, sofern nicht ausnahmsweise der Geschäftsbetrieb gerade darauf gerichtet sein sollte.

Es gelten also die gleichen Grundsätze wie bezüglich der Geschäftsbücher des Gemeinschuldners. Auch diese sind der Pfändung nicht unterworfen (§ 811 Z. 11 ZPO.). Trotzdem gehören sie zur Konkursmasse (§ 1 III KO.), da ohne sie ein Fortbetrieb des Geschäftes nicht möglich wäre. Aber sie sind nicht selbständige Wertgegenstände, sondern nur Hilfsmittel des Betriebes; sie dürfen daher nicht allein, sondern nur mit dem Geschäfte im ganzen und nur insoweit veräußert werden, als sie zur Fortführung des Geschäftsbetriebes unentbehrlich sind (§ 117 II KO.). Die entsprechende Behandlung der Betriebsgeheimnisse erscheint nicht nur sach-, sondern auch naturgemäß, da die Geschäftsbücher Geschäftsgeheimnisse enthalten und diese grundsätzlich vom Rechte den Betriebsgeheimnissen gleichgestellt sind. Daß unter den Betriebsgeheimnissen zwischen patentfähigen und nicht patentfähigen in dieser Hinsicht kein Unterschied begründet ist, bedarf nach dem Dargelegten keiner weiteren Erörterung.

[1]) Abweichend OLG. Köln in LZ. 07, 72.

Gedruckt bei A. W. Hayn's Erben, Potsdam.

www.ingramcontent.com/pod-product-compliance
Lightning Source LLC
LaVergne TN
LVHW042245300926
849161LV00003B/474
* 9 7 8 3 1 1 2 6 9 0 6 5 9 *